不完美的勇气 2

アルフレッド・アドラー
人生に革命が起きる100の言葉

"自我启发之父"阿德勒的成长课

[日] 小仓广 著　朱芬 译

Alfred Adler

不同于一般的学术书以及心理学入门书，本书用浅显易懂的语言论述了阿德勒与他的门生说过的100句话，以期能带给读者一些突破自我的勇气。阿德勒心理学，是带给人"勇气"的心理学。在本书中，阿德勒运用个体心理学对个体、人际关系、家庭、教育等进行了分析，认为在我们的"工作的课题""交友的课题""爱的课题"中要认同、接受自己的不完美，并认同、宽待对方的不完美，要有直面人生课题的勇气。阿德勒认为，人生不是取决于命运和过去的创伤，而是自己的思考方式。人生由自己决定，我们可以用画笔，自由挥洒自己的人生，活出不一样的自我。

ALFRED ADLER JINSEI NI KAKUMEI GA OKIRU 100 NO KOTOBA by Hiroshi Ogura
Copyright© 2014 Hiroshi Ogura
Simplified Chinese translation copyright © 2021 by China Machine Press
All rights reserved.
Original Japanese language edition published by Diamond, Inc.
Simplified Chinese translation rights arranged with Diamond, Inc. through Shanghai To-Asia Culture Communication Co., Ltd

北京市版权局著作权合同登记　图字：01-2021-7553号。

图书在版编目（CIP）数据

不完美的勇气 2："自我启发之父"阿德勒的成长课／（日）小仓广著；朱芬译. —北京：机械工业出版社，2022.2（2025.6重印）
ISBN 978-7-111-57175-9

Ⅰ.①不… Ⅱ.①小… ②朱… Ⅲ.①自我完善化-通俗读物 Ⅳ.①C912.1-49

中国版本图书馆 CIP 数据核字（2022）第 022987 号

机械工业出版社（北京市百万庄大街22号　邮政编码100037）
策划编辑：坚喜斌　　　　责任编辑：坚喜斌　李佳贝
责任校对：张　力　贾立萍　责任印制：李　昂
北京联兴盛业印刷股份有限公司印刷
2025年6月第1版·第5次印刷
145mm×210mm·7.75印张·1插页·103千字
标准书号：ISBN 978-7-111-57175-9
定价：52.00元

电话服务	网络服务
客服电话：010-88361066	机　工　官　网：www.cmpbook.com
010-88379833	机　工　官　博：weibo.com/cmp1952
010-68326294	金　书　网：www.golden-book.com
封底无防伪标均为盗版	机工教育服务网：www.cmpedu.com

"我把阿德勒的书从头到尾看了三遍。星期二的早晨,我从椅子上坐了起来。世界变了……阿德勒告诉我'世界简单得让你难以置信'。"

——莉迪亚·斯奇尔(Lydia Sicher,1890—1962),精神科医师

前　言

"自我启发之父"阿德勒为何名气不大

阿尔弗雷德·阿德勒（1870—1937年）出生于奥地利维也纳的郊外，对现代心理学做出过巨大贡献，但是这世上恐怕再无第二个心理学泰斗，像他这样如此缺乏名气了。

我们即使没有学习心理学知识，对于西格蒙德·弗洛伊德（1856—1939年）、卡尔·古斯塔夫·荣格（1875—1961年）的名字也是有所耳闻的。但是，唯独这位与前两位心理学家并称为"心理学三大巨头"的阿德勒，恐怕大部分人连他的名字都没有听说过。

阿德勒被称作"自我启发之父"。其思想如今已经被纳入众多商业类经典书籍中，例如戴尔·卡耐基的《积极的人生》《成功之道》、史蒂芬·柯维的《高效能人士的七个习惯》等。读一读这些书，你会发现其中很多理论都和阿德勒心理学（个体心理学）的思维方式非常接近。此外，在作为人际沟通技巧而广为人知的NLP训练等很多实用心理学训练中，也都可以看到阿德勒心理学的影响。

身为经营顾问的大前研一先生在周刊《宝石》（2008年11月8日）的特辑"可以用的心理学"专栏中，从积极思考的角度将阿德勒的理论与弗洛伊德的理论进行了对比，并做出以下评价：

"其实，我也是典型的阿德勒派。若说我在多大程度上是阿德勒派，那就是，我从来都不觉得人生中有什么是我做不到的。"

阿德勒心理学也被称作"人性心理学的源流"。受阿德勒影响的心理学者不计其数，其中比较著名的学者有亚伯拉罕·哈洛德·马斯洛（Abraham Harold Maslow）、维克多·埃米尔·弗兰克尔（Viktor Emil Frankl）、卡尔·兰塞姆·罗杰斯（Carl Ransom Rogers）、阿尔伯特·艾利斯（Albert Ellis）、亚伦·T.贝克（Aaron T. Beck）、艾瑞克·伯恩（Eric Berne）、艾里希·弗洛姆（Erich Fromm）、威廉·格拉瑟（William Glasser）等。

尽管产生了如此巨大的影响，但是作为源流的阿德勒本人，却不太为人所知。加拿大医学院的精神科医师亨利·艾伦伯格（Henri Ellenberger）在其著作《弗洛伊德与荣格》中写了这样一段话：

"阿德勒的功绩被大家抹杀了，阿德勒的原创理论，通通变成了阿德勒以外的其他学者的功绩，这是多么不可思议的一个现象。"

"方方面面的人物，招呼也不打一声，就把阿德勒的诸多理论剽窃挪用了。这样的事情恐怕除了阿德勒，再也见不到第二例了。阿德勒的学说，借用法国的一个惯用语来说，就像一个'共同采石场（unecarrierpublique）'，所有人都可以若无其事地从那里挖掘点什么。甚至有的书上的内容如果是从其他地方引用来的,都会清清楚楚写明出处,但凡出处是阿德勒心理学(个体心理学),便丝毫没有要注明出处的意思。"

阿德勒本人对于别人利用自己的理论这件事情似乎也不太关心,十分宽容大度。

阿德勒这样说:

"可能有一天,没有人会记起我的名字了。甚至连阿德勒派存在过这件事都忘记了。即便如此,也没关系。因为到那个时候,从事心理学领域工作的所有人仿佛都和我们一起学习过一样,在行动着。"

除此以外,还有各种各样的理由导致阿德勒的名气不如他的实际功绩大。如下列举一二:

- 留下的论文、著作较少,在理论形成体系之前就去世了;
- 跟弗洛伊德等心理学巨头不同,未将其学派弟子形成牢固的组织;
- 纳粹德国对犹太人的迫害,导致阿德勒派的很多人惨遭杀害。

诸如此类。

如此,阿德勒心理学虽然名气不大,但还是留下了赫赫功绩,甚至被认为是"领先了一个世纪的先驱"。能够在此为大家介绍这样的阿德勒心理学,我感到十分光荣。

本书不同于学术书籍、心理学入门书籍,而是使用平易的语言，通过通俗易懂的解释，为大家"超级翻译"阿德勒及其弟子的话。希望能够有更多的人阅读本书，特别是如果您对学术书籍、心理学入门书籍望而却步的话，本书将是一个不错的选择。

本书使用的是简单明快的语句，因此读者阅读此书可能会有"理所当然"的感觉。但是，"理所当然"才是真实所在，才是答案所在。

曾经有过这样一段趣闻。

一位听完阿德勒演讲的听众说：

"您今天所说的话，不都是理所当然的常识吗？"

阿德勒如此回答道：

"所以呢？常识有何不可？"

目 录

前言

第1章 一切取决于你自己
——阿德勒关于『自我决定性』的言说

第2章 接纳真实的自己
——阿德勒关于『自卑感』的言说

第3章 情感中隐藏着目的
——阿德勒关于『情感』的言说

目录

第4章 性格此刻就能改变
——阿德勒关于『生活方式』的言说
072

第5章 所有的烦恼都指向人际关系
——阿德勒关于『人生课题』的言说
092

第6章 家人就是世界
——阿德勒关于『家庭成员构成』的言说
110

第7章 不可以斥责，也不可以表扬
——阿德勒关于『教育』的言说
132

第8章 获得幸福的唯一方法是他者贡献
——阿德勒关于『共同体感觉』的言说

152

第9章 拥有克服困难的勇气
——阿德勒关于『勇气』的言说

186

第10章 不要背负他人的课题
——阿德勒关于『课题分离』的言说

222

后记

232

重要的不是你生而拥有什么,
而是如何用好你生而拥有的东西。

第1章
一切取决于你自己

——阿德勒关于"自我决定性"的言说

01

人生并不艰难,是你自己将人生变得艰难。人生其实极为简单。

其实并不是"人生很艰辛、很痛苦",而是你自己亲手"将人生变得很艰辛、很痛苦"。阿德勒就此做了如下比喻:

"穿过一道仅有5英尺高(大约1.5米)矮门的方法有两种:第一种是挺身笔直往前走,第二种则是弯腰弓背穿过去。如果选择第一种方法,肯定会撞上门沿的横木。"换言之,有些人感觉人生很艰辛、很痛苦,只是因为他们穿过矮门时,笔直向前撞到了头而已。如果提前弯腰弓背则毫无问题。然而,很多人都将责任归咎于矮门,认为自己毫无过错。事实正好相反,不肯弯腰才是人生不幸的源头。

那么我们到底做了什么才让人生会变得痛苦、艰辛,我们又该如何让人生变得简单起来呢?显然,答案不是三言两语就能表述清楚的,或许在阅读本书的过程中答案会慢慢地浮现。现阶段,我能够告诉你们的是,决定当下人生的不是"命运"或者"过去"带来的心理创伤,而是你自身的想法。因此只要我们下定决心,任何时候都可以将自己的人生变得简单。我们不妨试试丢掉挺身向前朝门撞的生活方式,也试试不再"将人生变得艰难"吧。

02

每个人都是描绘自己人生的画家。造就你的是你自己,决定今后人生的也是你自己。

说起"命运",我们总是觉得拿它毫无办法。然而,无法改变的是"宿命","命运"的"运"为"运送""转动"之义。换言之,"命运"可以靠我们自己"转动"起来,亦是我们自身"转动至今的结果"。

我们至今为止的人生或许受到了遗传、成长环境、出生长大的地方以及工作单位等各类因素的影响。然而,比这些更为关键的决定性因素还是我们此前做出的数百万甚至数千万次的各种决定。我们并非受人强迫,而是遵从自身的意志做出了这些决定。

选择入职这家公司的人是你,而决定暂不辞职,继续工作下去的人也是你,选择现在的配偶的人还是你。如果你传承了父母的价值观,那么做出传承决定的依然是你。如果真的厌烦,那么我们拥有随时拒绝的能力和权利。事实上,我们一直拥有这些权利:觉得厌烦就辞职的权利、对父母的价值观说不的权利。

你至今为止的人生由你自己造就,而你今后的人生亦由你自己决定。只要这么想,你就会觉得人生如此精彩!阿德勒用强有力的话语告诉我们:"没有做不到的事情,人可以做到任何事情。"

03

即使得了不治之症,是要怨恨老天不公,整日以泪洗面,还是怀抱感恩之心,充实地度过余生,做出选择的仍然是你自己。

"人可以做到任何事情。""命运是可以自己改变的。"然而有人可能会质疑：话虽如此，可还会有很多事情是人做不到的吧？

"我明明没做任何坏事，为何家人会遭遇交通事故并留下严重的后遗症？即使这样你依然认为命运可以靠自己改变吗？"

"家人处于癌症晚期，已经无力回天。这难道也是我们自己造就的吗？即使这样我们依然可以自己决定未来吗？"想必有许多人会有上述疑问吧。

正如您所说，人生有许多诸如生病、受伤之类的我们无能为力的事情。然而，虽然我们无法改变生病、受伤的事实，但以何种心情去看待这些事情，赋予这些事情何种意义，做出选择的依然是我们自己。

通过粉色的镜头看世界，世界就是粉色的，若改为蓝色的镜头，世界就会变成蓝色。或许大家都听过半杯水的故事，看到杯中只有半杯水，究竟是认为"唉，只有半杯水了"还是"居然有半杯水，好幸运"，做出选择的仍是我们自己。接受现实并从中寻找积极的意义，这是任何人都可以做到的。

第 1 章
一切取决于你自己

即使是多数人都觉得痛苦的事情,乐观的人依然可以从中学到东西,也可以从中找到值得感恩的元素。阿德勒告诉我们:这才是健康的生活方式。

04

遗传、成长环境等都只是"材料"而已。使用这些材料,究竟是建造适宜居住的房屋,还是不宜居住的房屋,一切皆由你自己做主。

第1章
一切取决于你自己

阿德勒没有完全否定遗传以及成长环境对人的影响。毋庸置疑，遗传的影响肯定存在。

显然，父母如何养育孩提时代的自己，是溺爱还是放任不管，无疑会对我们性格的形成有一定的影响。

然而，其影响较为有限，并非百分之百。一个人并不是因为被母亲斥责了才形成畏缩不前、懦弱逃避的性格，而是因为面对斥责自己选择了畏缩逃避的策略。除了畏缩躲避以外我们其实还有许多其他策略可以选择。比如，可以和母亲争论，最终成为一个独立自强的人。或者，选择与母亲不同的处理方式，成为一个能够冷静分析问题的人。甚至还可以把母亲作为反面教材，把自己变为一个能够温暖人心、守护他人的人。

阿德勒把遗传和成长环境等比作建造房屋的建筑材料。使用同样的材料（遗传和成长环境等）并不一定会建成同样的房屋（人生）。有些人建造了一座颇具南方风情的别墅，有些人则建造了一座功能强大的现代大楼。材料无论如何也只是材料，如何使用是我们的自由。你现今的人生正是自己使用材料建造的一个"你自己的房屋"。

05

"都是父母的错""都是伴侣的错""都是时代的错""我就是这个命",这些都是转嫁责任时的常用借口。

第1章
一切取决于你自己

当我们寻找借口把责任转嫁之后，那一瞬间是极为轻松的。都是父母的错，都是上司的错，都是下属的错，都是配偶的错，都是社会的错，反正错的不是自己。一旦这样来想，心情会立刻变得轻松起来。然而，这种轻松只是昙花一现。

我们把自己的不幸遭遇归咎于命运的不公，整日唉声叹气也于事无补。只有真正行动起来，命运才会好转。这个世界的政治环境太黑暗了，如此抱怨并不能改变现状。如果你想改变政治环境，就应该向着让自己变成政治家的方向努力。无论你如何憎恨遗传的力量，或是讨厌父母的教育方式，都无法改变任何事情。我们唯一能做的就是接受过去，并将其作为改变自己的动力。我们即使将责任转嫁给不通情理的配偶或上司，依然解决不了任何问题。只会让被转嫁责任的对方变本加厉地折磨我们。人无法改变过去和他人，只能通过改变自己的想法和行为来改变未来。实际上，每个人都拥有改变自己的能力。换言之，每个人都拥有改变未来的能力。

因此，无论何时我们都不应逃避眼前的难题。我们总会在某一刻，必须要面对自己。好比蛀牙发作的时候，吃止痛药并不能根治蛀牙。唯有与之正面交锋，医治蛀牙，才能解决问题。

06

人并不会被过去束缚，你所描绘的未来才能塑造你自己。过去的原因可以"解释问题"，但却无法"解决问题"。

第1章
一切取决于你自己

1870年，阿德勒出生在奥地利维也纳的郊外，他与同时代的西格蒙德·弗洛伊德、卡尔·古斯塔夫·荣格并称为"心理学三大巨头"。然而，阿德勒作为心理学家开始发表论文之初，在心理学界弗洛伊德的理论根基颇深。弗洛伊德认为：人是被过去所蓄积的"性力（力比多）"所驱动的。换言之，人由过去所塑造，自己无法控制未来。

与该理论唱起反调，正面交锋的正是阿德勒。阿德勒认为，人的行为并不会被遗传或养育方式等"原因"所束缚，人可以依据未来的"目的"自己决定自己的行为。因此，凭借自己的意志，人在任何时候都可以改变自己。这就是著名的"目的论"和"自我决定性"理论。阿德勒的理论成为现代心理学的常识，而弗洛伊德的"原因论"则成为时代的鸡肋。可是，在日常生活中"原因论"这个时代的鸡肋仍有余威。然而，原因可以"解释问题"，却无法"解决问题"，因为过去无法改变。我们只要凭借自己的意志改变未来的"目的"，重新选择自己的行为，就可以解决问题。依据阿德勒心理学的理论，任何问题都有解决的无限可能性。

07

　　为了逃避失败,有时人会主动生病。"如果不是因为生病,我肯定可以……",这样找着借口逃往安全地带,躲进舒适区。

第 1 章
一切取决于你自己

我的朋友在公司常年业绩突出，因此他比周围的人更早晋升到了管理岗并有了好几名下属。然而，好的选手未必是好的教练，由于他把适合自己的做法强加给下属，最终受到了下属的集体抵制。不久之后，这件事传遍了公司，他开始惧怕去公司上班。等到回过神来，他已经患上了抑郁症。就这样，他拿到了不去公司的"免罪符"。

还有一个故事。某位年轻女演员将在自己初次担任主演的舞台剧上登台亮相，然而在前期准备过程中她的身体不停颤抖，到了无法继续排练的地步，最终舞台剧被迫停演。据说她本人非常努力想要继续排练，然而她的身体虚脱无力，已经到了站都站不起来的地步，只好作罢。

阿德勒说："人为了避免失败，会用尽所有手段。"有时连自己都没有察觉自己在刻意生病。只要生病了就可以不用去学校，不用去公司，也就无须在众人面前暴露自己的丑态。这样一想，人就会在无意识中做出"头痛""腹痛""发烧""呕吐""惊惧"等症状。这在心理学上称作"因病获益"。

生病是很痛苦的事情，然而与在众目睽睽之下暴露自己失败的丑态相比不值一提。与其参加一场注定不会胜利的战斗，不如生场病来得轻松。

08

　　心理健康的人不会想要改变他人，而是会改变自己。心理不健康的人则想要操纵并改变他人。

第 1 章
一切取决于你自己

作为解说人员，我的座右铭是："过去和他人无法改变，而即将开始的未来和自己可以改变。"这是继承了阿德勒学说的人性心理学家——艾瑞克·伯恩所说的话。得益于这句话，我的人生改变了。

要想将上述想法真正应用到生活中去，最重要的是懂得一个道理，即追究"究竟是谁的错"之类的"原因"是毫无意义的。工作和家庭生活不需要法官。与其把时间和精力浪费在追究"究竟是谁的错"上，不如将其全部投入解决未来的问题上。因此，即使确实是上司、下属或配偶的错，我们也应该把焦点放在"现在，我能做的事"上。如果希望对方注意到某事，就不能一味地责怪对方没能注意到，而是改变自己的表达方式。应该努力让自己的话更具说服力，从而让对方相信自己。

即使百分百是别人的错，一个心理健康的人也只会将焦点放在"现在，我能做的事"上，并竭尽全力为之努力。然而，心理不健康的人则会一味地抱怨过去，中伤他人，把自己当作受害者寻求同情，唯独不会真正行动。究竟哪一种人生更幸福，想必是毋庸置疑的吧。

09

并非"干劲消失了",而是你自己选择"丢掉干劲"。并非"不能改变",而是你自己选择"不做改变"。

第1章
一切取决于你自己

心理学上存在一种"刺激（Stimulus）-反应（Response）"模式。这是一种非常简单的心理模式，即针对"被责骂"这一刺激，做出了"生气"的反应（情感、思维、行为）。然而，现代心理学否定了该模式。因为，刺激与反应中间还存在"认知"这一主观心理。这就是以阿德勒为源头的现代心理学的观点。该"认知"就是前文所述的粉色或蓝色的镜头。我们通过粉色的认知去看世界，世界就是粉色的。如果通过蓝色的认知去看世界，世界就是蓝色的。

被责骂的时候，如何"认知"该行为，"赋予其何种意义"，因人而异。有人会生气，有人会悲伤消沉。反之，有人会拍案而起，骂一句"你算什么东西"，也有人会对责骂者感激涕零。每个人都可以通过改变"认知"和"赋予的意义"，从而改变自己的反应，即可以改变思维、行为和情感。

我们并非是"被责骂而生气，因而最终失去了干劲"，而是在被责骂之后从无数种"认知"和"赋予的意义"中，凭借自己的意志选择了生气并任性地将其作为自己丢掉干劲的借口。我们不应把所有的错都归咎于上司。所有的一切都是自身选择带来的结果，而我们有无数机会来改变选择。

10

  遗传和心理创伤并没有操控你。无论过去怎样，未来都由"此时此刻的你"所创造。

第1章
一切取决于你自己

某个杀人犯在被问到"你为什么杀人"的时候,回答说:"因为我被父母抛弃了"。因为被父母抛弃,没能在正常的家庭长大,所以自己成了杀人犯。他的言下之意是,自己没有错。然而,并不是所有被父母抛弃的孩子都会成为杀人犯。其中有些人不愿后来成为孤儿的孩子也经历自己所受的痛苦,为了孤儿的救援和自立而四处奔忙。即使在同样的环境中长大,人也可以根据自己的意志选择不同的未来。

然而,我们总是不自觉地将现在的问题归咎于过去。

"小时候妈妈总是为了工作对我置之不理,因此我才养成了现在这样阴郁的性格。我没有错,都是妈妈的错。"

"因为家境不富裕,所以我没能上大学。如果我能够生在更有钱的人家,现在肯定已经大学毕业,找到很好的工作了。"

人们总是不自觉地把现在的问题归咎于过去的环境。然而,这些都只是借口。究竟是选择把过去的经历作为动力,尽力开拓自身的未来,还是任性赌气永远装作受害者,在借口中度日如年,做出决定的是你自己。我们可以根据自己的意志选择前进的道路。

生而为人,意味着自卑感常伴左右。

第 2 章
接纳真实的自己

——阿德勒关于"自卑感"的言说

11

　并非是因为你不如别人才有自卑感，无论看上去多么优秀的人都有自卑感。人只要有目标，自然会有自卑感。

有的人头脑聪明、容貌出众、性格开朗，然而实际上他整日被"我为什么这么没用……"这样强烈的自卑感所折磨。这种情况时常发生。

无论是谁都会有自卑感。究其原因，是人在无意识间设定了诸如"我想成为这样的人，我想拥有这样的人生"之类的目标。一般而言，人所定的目标总是会高于现状。即使在周围人看来一帆风顺、此生应该别无他求的人，也会这山望着那山高，定下更高的目标。换言之，无论时光如何变迁，我们永远处于目标未达成的状态。由此产生自卑感。

此外，人在孩提时代总会因跟父母、兄弟姐妹相比而产生自卑感。

"为什么大人可以轻而易举地做到那么多事，而我却什么都做不好……"

就这样，有的人对孩提时代面对大人产生的自卑感往往铭刻在心难以忘怀，并由此产生"我是一个没用的人""反正怎么努力也赶不上了……"之类的消极情绪。而且，这种自卑感即使在你长大以后，依然如影随形，阴魂不散。

第 2 章
接纳真实的自己

　　如前所述,自卑感并非"自惭形秽的人所特有的"心理,而是即使在周围人看来完美无瑕、出类拔萃的人也都会有的"主观性"心理。在自卑感前,众生平等。这就是自卑感,不只是你才有。

12

　　怀有自卑感,这件事本身并非心理不健康,重要的是你如何看待自卑感。

第 2 章
接纳真实的自己

阿德勒严格区分了"劣等性""自卑感"和"自卑情结"三个概念。"劣等性"是指确实不如他人的性质,比如眼睛看不见、个子不高、肠胃虚弱等具体事实。"自卑感"则是指"主观认为"自己不如别人的心理。换言之,假设你在生理上存在"劣等性",如果你认为这是自身的缺陷,你就有了"自卑感",如果你不这么认为,你就不会有"自卑感"。总而言之,"自卑感"是主观性的东西。因此,无论是谁看了都觉得瘦的人,如果本人认为"自己很胖",那么就极有可能因此而产生自卑感。

人们往往把"自卑情结"与上文的"自卑感"混淆使用。对此,阿德勒则做了明确区分。"自卑情结"是指以"自卑感"为借口逃离人生课题的心理状态。换言之,如果以自卑感为动力,内心想着"我不服"并不断努力的人即使有"自卑感",也不会有"自卑情结"。

"都是父母的基因不好,所以我学习不好""因为家境不富裕,所以我才形成了阴郁的性格"等,把现在的问题归咎于过去,从而放弃努力,逃离人生课题的心理才是真正的"自卑情结"。真正不健康的并非具有"自卑感",而是具有"自卑情结"。那么,你所拥有的到底是哪一种呢?

13

很多人是以自卑感为借口逃离人生的懦夫。然而，也有很多人以自卑感为动力，成就了一番伟业。

第 2 章
接纳真实的自己

人若能直面自卑感，不选择逃避，就可以成就超出常人的伟业。作曲家贝多芬双耳失聪，画家莫奈视力微弱。其实不只是肉体上的缺陷可以克服，而且有许多人尽管家境贫寒未能上学但也成就了一番伟业。二宫尊德曾因点蜡烛读书被斥责："农民不需要做学问，不要浪费蜡烛！"此后，他自己栽种油菜，用菜籽油点灯读书。他一边躬耕陇亩，一边潜心学问，最终得以青史留名。

确实，拥有不如别人的基因和成长环境会带来负面影响，然而，仅仅这些还不构成"无法做到的理由"。我们完全可以将环境当作动力，比常人更为努力，从而取得更高的成就。阿德勒将之称为"补偿"。我们甚至可以说正是因为有了自卑感带来的补偿，才成就了一番伟业。

你可能还会辩解说："贝多芬和二宫尊德都是难得的天才，而我只是一个凡人，所以……"其实这才是借口。我们不应把"我没有学习的地方""父母的学历太低""我身体不好"等基因或是成长环境带来的劣势作为借口。你无法成功的真正理由是，以环境作为借口"逃避努力"。总之，真正的原因绝不是环境。

14

　　人一旦做正确的事未获关注，有时就会努力争取"负面关注"。我们应该戒除这种让人生陷入惨境的努力。

第 2 章
接纳真实的自己

有人用功读书取得好成绩,有人误入歧途为非作歹。阿德勒认为这两种生活方式看似截然不同,实际追求的都是同样的目标。两者都是想获得亲友和周遭人们的关注。从这种意义上来说,他们努力的目标完全一致。

任何一个孩子都会倾尽全力去获得父母的认可。阿德勒将其称为"追求卓越的努力"。然而,当孩子觉得无论怎么努力学习都考不到第一名的时候,他们就会改变策略。譬如,试图在某项运动上拔得头筹。若还是不行,就再换到音乐、绘画等艺术领域。若还是未能成功,最后,他们就会通过为非作歹或违法犯罪来求得关注。

人一旦知道自己无法获得"受人称赞"这种"正面关注"时,就会试图获得"遭受斥责"这样的"负面关注"。修女特蕾莎曾说过:"爱的反面是漠不关心。"所以,孩子会认为:与其被忽视,还不如被责骂。

而且,这种人生态度在孩子长大成人之后依然延续。即使是大人有时也会觉得既然得不到正面关注,那干脆努力获得负面关注吧。

然而,这种思维方式下的人生不会一帆风顺,更无法得到幸福。因此,我们该做的不是寻求"负面关注",而是努力赢得"正面关注",即使再琐碎的事也没关系。总之,我们不应为获得关注而努力让人生陷入惨境。

15

　　逞强与自卑情结互为表里。我们不应努力让自己"装作强大",而应努力让自己"变得强大"。

自卑情结是以自卑感为借口,试图逃避人生课题的一种心理。然而,并非每个逃避的人都会坦率表达自己的自卑感。相反,有许多人反而会宣扬自己的优越感:"怎么可能?!我比其他人都厉害。"这就是所谓的"优越情结",它是"自卑情结"众多形式中的一种。真正自信的人没有必要自我炫耀,而自我吹嘘恰恰是自卑感的另一面。

怀有优越情结的人并不会努力让自己"变强"。相反,他们会努力让自己"看起来很强"。因此,他们会频繁地做出以下行为:打扮华丽;明明是女人,动作却像男人;自以为是;捧高踩低;欺软怕硬;在家像条龙,在外像条虫;以生病为由随意指使家人;为了打击他人而批判别人;大声喧哗、举止夸张;吹嘘自己具有超能力;总想把话题引到自己身上;把别人的话当作耳边风,等等。他们并非因为真的"很强"所以可以做到上述行为,他们这么折腾只是为了让自己"看起来很强"。显然,这背后隐藏着强烈的自卑感。

16

　有时乐于助人并非因其秉性善良。可能只是想让别人依赖自己,切实体会自己的重要性。

"我是一个重要人物"。很多时候人会为了宣扬自己的优越感、隐藏自己的自卑感,而看不起甚至指责别人,以此来提升自身的价值。然而,比起这些简单直接的策略,人有时会选择更为复杂、更为高超的手段。

不知大家的身边有没有乐于助人的人。"我把笔借给你用吧?""这条手帕给你用吧。""你还是快点去吃饭吧。"阿德勒指出,像这样喜欢关照他人的人并非完全出于好心,他们乐于助人是为了让对方依赖自己。他们内心真实的想法可能是:"如果没有我,他(她)就什么也干不成",由此试图证明自己是一个重要人物。

此外还有更为高级的策略,那就是责怪自己、伤害自己。比如,伤害自己的身体,或者自我否定:"像我这种人活着也没什么用"。这些做法表面看来是在责怪自己,实际上正好相反。他们通过责怪自己、伤害自己来责怪家人和身边人。他们宣称:"我正是因为你们才这样痛苦!""你们却什么都不为我做!"通过这些手段,他们获得了身边人的歉意和同情,他们正是为此才责怪自己的。人会用尽所有手段试图去证明自己是一个重要人物。

17

人一旦未受关注，就会为了求得关注而为非作歹。如果依然未能如愿，接着就会不惜揭露自己的无能。

孩子希望父母关注自己，就会阻止父母跟别的孩子说话，或者要求父母一直陪着自己直到自己睡着。目标一："寻求关注"。如果未能如愿，孩子会发脾气或者拒绝吃饭，总之会用尽所有花招、竭尽全力地引起父母的关注。目标二："展示力量"。如果这些行为都被大人更为强势地打压了，孩子就会感觉自己受到了伤害，从而试图报复父母，故意惹是生非，让父母头疼、不愉快。目标三："报复"。不久之后，孩子就会放弃上述努力，转而向大人示弱，展示自己的无能和缺点，从而逃避人生的各类课题。目标四："逃避"。

以上是心理学家鲁道夫·德瑞克斯（Rudolf Dreikurs）将阿德勒心理学加以体系化后提出的"不良行为的四个目标"。这四个目标并不仅仅适用于孩子。即使成人之后，这些目标也会在父母与孩子之间、夫妻之间、上司与下属之间、朋友之间不断重复。比如，面对只顾工作不顾家庭的丈夫，妻子最开始会直接要求说："你快点回来！"如果未能如愿，就会朝丈夫发火或者哭诉。若依然未能如愿，妻子就会试图报复丈夫，比如不做家务、到处游玩。最后，妻子终于死心，只能向丈夫示弱，把自己情绪低落、生病难受的状态展示给丈夫。

18

　　人有时候可能会产生"大家都讨厌我""如果这次不行,下次肯定也不行"之类的偏激想法。只要冷静地去分析证明,这类想法就会消失。

任何人都有自卑感。然而，过度的自卑感是不健康的，应该努力克服。那么什么是过度的自卑感呢？阿德勒将容易引起自卑感，带有自虐倾向且对自己成长有害的错误思维方式称作"基本谬误"（Basic Mistake）。

"这一次不行，下一次肯定也不行""班上所有的同学都讨厌我""朋友们在笑，肯定是在嘲笑我"等，这些想法显然都过于偏激，是不健康的。虽说这一次没能成功，但不代表下一次也是百分百不能成功。只要冷静下来重新思考就会发现失败与成功的概率大致相同。班上所有同学都讨厌你，这种情况基本上不会发生。如果冷静下来将讨厌自己的人的名字一一列出来，你就会发现实际上最多也就五六个人。

有效克服基本谬误的方法是像上文那样，针对每个偏激的想法，拿出证据和数据各个击破。这样做的话，你应该就会发现这些想法的偏激之处。不断重复上述方法，积累经验，你就会发现自己产生这种偏激想法的机制，最终一点点地克服过度的自卑感。

19

　　只要你还在责怪自己无能,就永远无法获得幸福。人唯有能够接受现在的自己,才能成为真正的强者。

前文已经说过要想克服自卑感必须避免过于偏激的想法，即需要改掉基本谬误。然而，仅凭这一点还无法完全克服自卑感。那么，具备怎样的思维方式才能克服自卑感呢？其实就是，我们不应一味抹杀自己的缺陷，而是应该接受真实的自我。换言之，不求做个完美的人，而是接受不完美的自己。

阿德勒的高徒鲁道夫·德瑞克斯凝练了阿德勒的思想，留下了以下名言：人必须"拥有接受不完美的勇气"。一味追求完美只会让自己痛苦，因为这世上根本就不存在任何完美的人。我们应该接受并喜欢真实的自己，即使自己满身缺点、一无所长。心理学上将"接受真实的自我"称为"自我接纳"。"拥有接受不完美的勇气"，这才是自我接纳不可或缺的品质。

不是只有当能克服缺点，才有接受自己的勇气，而是尽管有缺点，也有接受自己的勇气，这才是"接受不完美的勇气"。只有拥有这种勇气的人才是真正的强者，才能获得幸福。

最重要的发问,不是"来自何方",而是"走向何方"。

第 3 章
情感中隐藏着目的

——阿德勒关于"情感"的言说

20

　　你并非因为悲伤而流泪,你流泪只是为了责备他人、引发他人的同情和关注。

阿德勒曾说过："人的所有的行为都有（或许本人都未察觉的）目的。"阿德勒心理学将其称为"目的论"。同时，阿德勒认为并非是"情感刺激人的行为"，而是人为了某个目的"利用情感"。这就是所谓的"实用心理学"。

人流泪时是带有目的的。诚然，有时人流泪仅仅为了表达悲伤。但是，多数时候还带有其他目的。其隐藏着的野心就是凭借眼泪来获取同情和关注。此外，有时人流眼泪是对对方及身边人的一种抗议和报复。就如同在控诉："居然害我哭得如此伤心，你们都太过分了！"

更有甚者，不满足于责备对方、获得同情，还想变本加厉，试图操控对方，让所有事情都对自己有利。公司经常会发生下面的情况。上司责骂下属时，下属突然哭了出来。为此，上司无法继续严厉斥责对方，下属于是逃过了责罚。此种情况下，哭的那个人很可能是内心带着目的而哭的。

然而，这一系列复杂的情绪波动多数是在不自觉中完成的，因此其目的可能连本人都未能察觉，但却因为常常奏效而作为成功模式被不断重复使用。

21

　　你不是因为一时气急失去自我才口不择言,而是为了"操控"他人,才创造出了名为"愤怒"的情感并加以利用。

人们生气之后常见的台词是："我刚才是一时气急，没能控制住自己才……"然而，阿德勒否定了这一点，他认为"所有的行为都有目的"。若按照阿德勒已道破的"目的论"和"实用心理学"来思考，就会明白愤怒这种情感之所以被"使用"是为了达到向对方传达焦虑，以此操控对方这一"目的"。

另外，在阿德勒提出该观点前，以弗洛伊德为代表的心理学则将与"目的论"相反的"原因论"奉为圭臬。该流派认为人在无意识中会被"情感"所驱使。于是得出的结论便是，人们气急败坏的"原因"是无意识下的愤怒，而本人并没有错。这与阿德勒的"目的论"和"实用心理学"所得结论来了个180度大转弯。

人使用情感主要有两种目的：一是为了操控和控制对方，即通过拍案而起的表情和态度震慑对方，从而让其听命于自己，进而控制对方；二是为了鞭策自己。人通过"使用"情感鞭策自己尽早行动，即靠情感"在背后推自己一把"。人的行为并非全靠理性判断，愤怒、悲伤、喜悦、恐惧等情感都会加速人们"前进"或"停止"的步伐。就这样，情感被用来驱动自己和他人。

22

　　情感如同驱动汽车的汽油。人不应受情感"操控",而应"利用"情感。

阿德勒的高徒鲁道夫·德瑞克斯把情感比作了汽油之类的燃料。人仅凭冷静理性的判断，很难付诸行动。此时需要通过情感赋予其动力。显然，情感可以让人早日付诸行动或停止行动。

比如，假设你对正在交往的异性产生了"好想结婚呀"的冲动。然而，结婚伴随着各类风险。此时，在你背后用力推了一把的正是"情感"。"好喜欢"或"想在一起"之类的情感会驱散你心中的不安，加速结婚的进程。此时，"情感"就是汽油，一下子给发动机注入了动力，让汽车飞驰起来。

此外，有时"情感"也可起到刹车的作用。"总觉得哪里不对劲，所以算了吧"就是其中最好的例子。究竟是踩油门还是踩刹车，做出决定的是你自己。人为了给自己的情绪再加一把火，于是创造出情感并"使用"它。总之，人绝不是先有感情且被情感操控。

人不应被情感操控，而应善用它。通过倾听情感这一内心的声音，人或许能够找到前进一步还是后退一步的契机。因为究竟该怎么办，其实自己的情感早已清楚。

23

你不是因为焦虑才无法出门,而是因为不想出门才制造出焦虑。总之,是先有了"不出门"这个目的。

你准备去公司上班,可是一上地铁就感到极其焦虑,最终未能去成,这就是所谓的"焦虑症"。阿德勒道破了该症状背后的玄机。

"你并不是因为焦虑所以无法出门,你是因为不想出门所以制造出焦虑。"

焦虑这一原因并没有约束人的行为,相反实际上是目的先出现的。换言之,因为你不想去公司,所以为了实现这一目的故意制造出了焦虑。那么你为什么不想去公司呢?理由因人而异。或许是因为和公司的同事相比,自己的业绩不佳,再也不想输下去了。又或许是被上司严厉斥责之后,过于恐惧而不想去公司。但不管是何理由,都是先有目的。这就是阿德勒提出的"目的论"。

我们也可以用同样的理论去解释赤面恐惧症。你并不是因为患有赤面恐惧症,所以交不到男朋友。实际是因为你害怕交男朋友,所以患上了赤面恐惧症。要想交男朋友,很可能需要自己先告白,这就带来了可能被拒绝的风险,而你害怕这一点。即使告白成功,还可能在交往过后发现这段关系并未让你体味到幸福,反而让你变得不幸。又或者,你所交

第 3 章
情感中隐藏着目的

的男朋友看上去不如其他友人的男朋友。害怕上述风险的人就容易患上赤面恐惧症。因此,不管怎样,人都是先有目的再制造情感的。

24

　　孩子只能通过"情感"操控大人。长大成人以后,依然试图通过情感去操控他人是极其幼稚的行为。

第3章
情感中隐藏着目的

刚生下来的婴儿不会说话，他向大人传达"我想喝奶""尿布湿了，我不舒服""我很孤单无聊，你抱抱我吧"等信息的唯一途径就是"哭"这一情感表达方式。因而，婴儿通过哭这一表达情感的方式实现了所有的愿望。在不断重复的过程中，婴儿"习得"了通过"使用情感"来获得自己所需的手段。

孩子不满一岁的时候就已经开始形成自己的性格了。换言之，他在会说话前就已经有了自己的个性。"通过哭泣或者发怒，可以获得所有的一切。"对于婴儿时期就已习得这一手段的孩子来说，这个成功模式会融入他的性格，镌刻在他的身上。然后，他会在孩提时代，甚至长大成人以后依然使用这样的"性格"。

如果你的周围有情绪化的人，也就是频繁使用情感的人，或许那个人就是在重复孩提时代的成功模式。他试图通过发怒来操控身边的人，或是通过眼泪让他人按照自己的意志行动。

然而，情感并不是达成目的的唯一手段。明知如此，长大成人以后依然试图通过情感表达来操控他人的人，其内心是幼稚的，即心理仍未成熟。

25

　　你若想通过嫉妒操控伴侣,对方终将离你而去。成熟的大人应该学会理性对话。

第3章
情感中隐藏着目的

通过情感表达实现目标是人在婴儿时期遗留下来的做法，这绝不是成人应该使用的方法。然而，若在幼儿时期借助情感成功操控过他人，那么尝过甜头的孩子长大成人后就有可能不断重复过去的成功模式。比如，有时妻子为了让丈夫关心自己，不惜利用嫉妒这种情感手段。然而，嫉妒一旦被过度利用，丈夫就会厌倦此种情绪，最终离开妻子。这正是幼儿时期的成功模式在成人之后不再奏效的典型案例。与此相反，以理服人才是成人实现目标的最佳手段。我们只要通过话语理性地与对方商量，就能够获得两全其美的结果。在获得他人助力的同时，给予他人帮助，彼此同心协力共同努力，自然可以相互成全。总之，哭闹、嘶吼、嫉妒等通过情感勉强操控他人的做法并不是解决问题的唯一方法。

最后，我们与孩提时代不同，已经有了自己解决问题、实现目标的能力。即使不依靠他人，很多事情凭借一己之力也能做到。自己的责任自己承担，这是成人社会的基本规则。"自己去做的话有可能失败，所以希望别人帮我做"，有着这种想法的人会被社会孤立。

26

对男朋友轻声细语，对快递员却恶声恶气。人会根据不同的对手和情况采取不同的行为，因为所有的行为都有目的。

第3章
情感中隐藏着目的

有位年轻的女性正用甜美的声音打着电话："是吗？真的吗？我好开心！我本来就想去海边玩呢。真是太好了，我好期待呀！"想必她是在跟男朋友撒娇吧。就在这时，"叮咚"一声，门铃响了。好像是快递送到了。"咔嚓"一声，玄关的门开了，快递员将快递放在了门口。这位女性温柔地对着电话那头的男朋友说："你稍微等一下哦。"之后，她按下"保留通话"按钮，暂且搁下了话筒，而后对快递员叫喊道："什么？快递？啊，还要印章？你动作快一点啦，我这边赶时间。"就这样似乎赶小鸡一般送走快递员后，她又拿起话筒，按下了"解除保留"键，像是换了个人般，用令人肉麻的声音对着电话那头说："对不起哦，你等好久了吧，我也很想快点跟你说话呢。"

这位女性并非特例。究其原因，任何行为都有"对手"，想要给对手留下何种印象就是其中蕴含着的"目的"。一方面，这位女性面对男朋友这一"对手"时，希望对方认为自己是个可爱的女孩，为了实现这个"目的"，于是说出了令人肉麻的甜言蜜语。另一方面，面对快递员这个"对手"，为了实现快速收取快递的目的，因而用了较为严厉的语气去应对。

所有的行为都有"对手"和"目的"。如果我们边观察边推测的话就能察觉他人的情绪，他的"对手"是谁？"目的"是什么？或许会得出有趣的结论。

27

意识与无意识、理智与情感相互纠葛,这种说法其实毫无道理。所谓"道理我都明白,可就是做不到",只是你"不想做"的借口罢了。

以弗洛伊德为代表的老派心理学家明确区分了意识和无意识，并认为神经类疾病的各类症状都源于意识与无意识的相互矛盾和冲突。然而，阿德勒否定了上述观点。他认为：意识与无意识尽管看上去相互矛盾，实际上它们为了同一个目标相互扶持，共同努力着。这正如油门与刹车的关系。表面看来，它们是两个完全矛盾的存在，但实际上它们发挥着各自的功能，相互辅助着让车驶往目的地。阿德勒从两者是一个无法分割的整体的角度，将上述理论命名为"整体论"。

阿德勒的高徒鲁道夫·德瑞克斯在《阿德勒心理学基础》这本书中用如下比喻解释了"整体论"。

有位游客在旅行途中遇到了一位非常热情的人。此人是和朋友两人一起出来游玩的。由于这人非常热情善良，于是游客放松了警惕，结果被他的同行朋友偷走了钱包。然而，实际上这个热情的人和他朋友是一伙的。两人早就提前串通好了，一开始的目标就是偷这位游客的钱包……小偷二人组的关系其实就是意识与无意识的关系，他们各自发挥着油门和刹车的作用，就是为了实现"偷盗"这个共同目标。同理，理智与情感也并不矛盾，两者是一个整体。这就是"整体论"。

28

　　所谓"我是无意识中干的……""理性输给了欲望……",都只是欺骗自己或他人的"借口"。

阿德勒明确反对把"意识与无意识""理智与情感"等作为对立的因素区分开来。这些因素其实是一个整体，即使表面看来互相冲突，实际上它们为了达成同一个目标而相互扶持、共同努力着。

比如，一个下定决心减肥的人不知不觉吃下了薯片，这时他多半会说："啊，无意识中就吃了""还是败给了欲望……"等等。然而，这些都只是借口。实际上，是他自己的意志判断出吃是"好事（有利可图的事）"，从而做出了吃的选择。

"就这么一次，应该影响不了大局吧。只要没影响，那就吃吧""比起减肥，此时此刻，品尝眼前的美味薯片才是正事"。你只是在汇总这些想法后，最终选择了"吃"这个选项。

那么，为什么我们特意把"意识与无意识""理智与情感"作为对立面来看待呢？阿德勒分析说：这才是针对自己或他人的真正借口。为了掩盖"不想负责任""不想承认失败""良心的谴责"等小心思，而找借口说"我没有错，都是无意识和欲望的错"。希望借此骗过自己和他人。

29

　　试图控制愤怒等情感，注定是徒劳无功的。情感只是"排泄物"，即使操控了"排泄物"，也改变不了任何事情。

或许你能感觉到我们每天都在被愤怒、悲伤等情感所操控。因此，"如何控制愤怒"之类的书籍颇受欢迎。然而，阿德勒反对控制情感，他认为情感只是生活方式（性格）产生的"排泄物"。即使操控了"排泄物"，也不会改变任何结果。反过来，如果我们改变生活方式，情感自然会随之改变。

生活方式是最基本的信念，它帮助人们形成看待世界、认知世界的内核。我们并不是对他人的言行或者世间所生之事等"刺激"直接做出"反应"。在刺激和反应之间，存在着每个人独有的理解方式，即认知（Cognition）。比如，走廊上擦肩而过的一位异性突然"扑哧"笑了一声，有人会将其理解为"被嘲笑了"，从而体会到了"愤怒"的情感，还有人则将其理解为"对方肯定喜欢我"，从而体会到了"喜悦"的情感。

此时，我们是无法操控"愤怒"这种"情感"的。相反，我们应该改变产生上述"情感"的"认知"。实际上，"被嘲笑了"这一认知背后隐藏的是"自己不可能被人喜欢"这种自我否定式的生活方式，这才是需要纠正的对象。操控"愤怒"本身是毫无意义的。

所有的人,对于自身,
对于人生诸多问题的看法,
或许自己都未能完全理解,也无法叙述清楚,
但是每个人终其一生都在恪守自身的行为法则而活着。

第 4 章
性格此刻就能改变

——阿德勒关于"生活方式"的言说

30

　　所谓的生活方式（性格）就是人生的蓝图，是人生这个舞台的脚本。只要生活方式改变，人生会即刻焕然一新。

与友人或熟人聚会时，有人总能侃侃而谈，是谈话的中心人物，也有人畏首畏尾一言不发。阿德勒认为，这些行为的差异是由生活方式（性格）造成的。"世人会接纳自己""自己是受人欢迎的"，秉持这种生活方式的人自然会成为谈话的中心。与此相对，"世人肯定会拒绝自己""自己不可能受人欢迎"，秉持这样生活方式的人自然就会一言不发。

所谓的生活方式是你一贯的生活态度，是判断如何行动会获得更好效果时的信念，一般被称为性格或人格。然而，提起性格一词总是给人无法改变的刻板印象，因此阿德勒特意避开了性格，而选择了生活方式这个词。阿德勒认为，生活方式不是"原因论"所主张的生来如此，而是由自己的意志决定，因此任何时候都可以改变。

友人中一言不发的人，并非"温顺的性格"，而是"不信任他人的性格""认为自己不可能受人欢迎的性格"。像这样，只要找到"温顺"这个表层性格下隐藏着的核心信念，并将其改变，你的行为和感情也会随之改变。这就是改变生活方式。

31

　性格的底层隐藏着三种价值观:"我是××""世人是××""我必须成为××"。

性格的定义五花八门。"开朗的性格""阴郁的性格""和蔼可亲的性格""认生的性格"等，性格的分类也是多种多样。然而，这些都只是极其表面的浅层性格，其深层隐藏着的三种价值观和信念，才是所有性格的根本。阿德勒将其称为生活方式。这三种价值观就是①自我概念（我是××）；②世界观（世人是××）③自我理想（我必须成为××），这三者的组合。上文所说的浅层性格，就是由①~③这三种价值观共同决定的。

假设有人有着如下的生活方式（三种价值观的组合）。①自我概念：不会有人对我这样的人感兴趣；②世界观：人们是不会跟无聊的人玩的；③自我理想：不会有人理会像我这样的人，所以我还是默默待着，不要引人注意吧。我们基本可以判断，这个人的性格比起"开朗"更偏向于"阴郁"，而比起"和蔼可亲"更偏向于"认生"。像这样，浅层性格的根本是被称为生活方式的三种价值观的组合。因此，"阴郁"的人不应在如何变得"开朗"上下功夫，而是应该努力改变①~③这三种价值观。改变自己的第一步就是弄清自身的生活方式，即三种价值观。

32

　　人会在 10 岁左右就凭借自己的意志形成独有的生活方式，并且，贯彻终生。

个体的生活方式（性格）在其婴儿时期会说话前，即0岁左右就开始打造了。而且，多数时候，在10岁左右就已经形成。

孩提时代生活在以家庭为中心的社会中，我们会自己主动争取想要的地位。我们为了获得他人的关注和爱护，就会尝试各种方法，不断摸索。一开始肯定是直接要求父母关注自己。然而，一旦未能成功，就可能试图通过表达愤怒等强硬的手段去获得关爱。或者向父母哭诉自己如何羸弱以寻得怜悯和保护。当然，也有孩子竭尽全力表现得活泼开朗以求得关注。

像这样，我们会尝试各种方法，不断摸索，在这过程中逐步积累"这样做，对方会这样反应呀""这样做容易成功""这样做容易失败"等经验。同时，逐渐积累处理事情的基本方针。比如，"我即使表现得活泼开朗也无济于事，倒不如凄惨地哭一哭，示示弱，反而可能就成功了""自己是应该受人保护的弱者"等，我们会将上述想法逐渐固定在脑中。最终，上文所述的生活方式的核心，即自我概念、世界观、自我理想就成形了。

33

　　戴着粉色眼镜片的人，总是误会这个世界是粉色的，却没意识到其实是自己戴着有色眼镜。

想象一下你正在走廊上行走。此时，从对面走来了一位平素你就对其抱有好感的人，你们擦肩而过。就在那一瞬间，那人看了你一眼，"扑哧"笑了一声。你会如何理解这个笑呢？是觉得"被嘲笑了"，还是觉得"对方对我也有好感，所以笑了"呢？

人们即使遇到同样的场景，对场景的理解也是见仁见智。即使经历相同，也是有人欢喜有人忧。其实这一切都是由认知核心即生活方式（性格）决定的。自我概念是"自己不可能受人欢迎"的人就会觉得"被嘲笑了"。反之，自我概念是"自己受所有人欢迎"的人就会觉得"对方对我也有好感，所以笑了"。

许多人都没有察觉自己有着独有的认知倾向。他们认为所有的东西之所以看上去都是粉色的是因为这个世界本身就是粉色的。然而，实际上大错特错。这一切都仅仅是因为你所戴眼镜的镜片是粉色的。就这样，生活方式对人们认知的影响如同有色眼镜一般。这被称为认知偏差。我们只会通过认知偏差去看待世间的一切，并不存在完全客观的看法。

34

　即使一直坚持的生活方式带来了麻烦，人们依旧会我行我素。
　哪怕歪曲事实，也要坚信自己是对的。

我们都无法逃离认知偏差。通过认知偏差，我们可以只接收对自己有利的信息，将所有不利的信息都作为例外来处理。我们还会不惜歪曲事实把一切朝向对我们有利的方向解释，只为强行让自己相信"至今为止自己的所有想法都是正确的"。

有着"自己一直被人爱着"这样生活方式（性格）的人会广交朋友，以此强化"我果然是被爱着的"这个信念。反之，认为"自己被人讨厌"的人，由于毫无交友的意愿，自然不会有朋友，最终导致"果然我是被人讨厌的"这一信念不断强化。

某个新兴宗教的教主曾预言："半年后可能会发生足以让世界毁灭的大地震，所以大家一起祈祷吧。"然而，地震没有发生。通常人们就会认为："教主的预言不准，可真靠不住！"然而，有着"教主永远都是对的"这种认知偏差的教徒反而会得出相反的结论，即"多亏了教主大人的祈祷，才阻止了大地震。教主大人果然无所不能"。就这样，人们会不断强化自己的信念。这可不是笑话，我们也同信徒们一样，在日常生活中通过认知偏差去歪曲事实，把世间的一切都朝向对自己有利的方向解释。

35

　一直被严厉斥责的人,不一定会形成阴郁的性格。究竟是接受父母的想法,还是把父母当作反面教材,都由"自己的意志"决定。

个体的生活方式（性格）的形成很大程度上受出生顺序（在兄弟姐妹中的排行）、器官优劣（身体是否强壮）、家庭成员构成及家人间的关系、家庭氛围、父母的期望等因素的影响。然而，如前所述，这些也只是影响因素，并非决定性因素。生活方式并不会自动被上述因素决定，我们自己可以根据"目的论"的理念选择生活方式，并凭借自己的意志去实践它。这些影响因素只不过是木材、钉子之类的建造楼房时所需的材料。使用这些材料究竟是建一座颇具南方风情的别墅，还是现代风格的高楼，完全由你本人的意志决定。

比如，在母亲絮絮叨叨不断斥责中长大的孩子，并不一定会形成阴郁消极的性格。相反，甚至有可能把母亲作为反面教材而形成开朗积极的性格，或是成为一个宽容且不拘小节的大人。在有这么多可能性的情况下，却非要选择阴郁消极的性格，那就不能说完全都是母亲的教养方式错了。诚然，错误的教育方式并非毫无影响，但是选择接受影响的是你自己。究竟是接受、反抗，还是无视，皆由你本人决定。既然是自己决定的，那就可以靠自己改变。人可以随时改变自己的生活方式。

36

　拥有幸福人生的人,其生活方式(性格)必然与"普遍认知"一致。若其性格基于扭曲的个人逻辑,自然就难以拥有幸福人生。

生活方式（性格）千差万别、因人而异。虽说如此，拥有幸福人生的人有着共同的特征，而有着不幸人生的人亦是如此。该特征就是其生活方式是否符合普遍认知（共同感受）。

所谓普遍认知意为普遍（共同）的认知（感受）。换言之，"无论是对个人而言还是对家庭和组织而言，都能够接纳的意义价值"就称为普遍认知。普遍认知（common sense）通常在字典中被解释为常识。然而，阿德勒曾说过："普遍认知并非完全等同于常识。"比如，孩子应该上学是世间的常识，但如果孩子在学校受到了严重的霸凌，那么就不应该勉强孩子去上学。阿德勒认为，此时不勉强孩子去上学才是普遍认知。

同时，阿德勒提出了个人逻辑这个对照概念。与普遍认知刚好相反，个人逻辑是指"仅被个人接纳，难以被集体接纳的意义价值"。若一直秉持着扭曲的个人逻辑而生活，人生就会走向死胡同。即便现在开始也不晚，我们需要把生活方式逐步修正为符合普遍认知的形态。这才是拥有幸福人生的方法。

37

　　并不存在"易怒性格的人",只存在"频繁利用怒气这种情感的人"。我们无须涅槃重生,只需改变情感的使用方式。

常言道："三岁看大，七岁看老"，或许很多人都觉得性格无法改变吧。然而，改变性格并不需要涅槃重生，只需改变你精神财富的"使用方式"。

阿德勒在小时候下定决心要"戒除发怒"。此后，他就真的再也没有发怒过。这并不意味着阿德勒从"爱发怒的人"重生成了"不爱发怒的人"，他只不过将自己的行为方式从"频繁利用愤怒"改为了"基本不用愤怒"而已。由此可知，性格可以改变。

改变性格，并不是替换个人所拥有的精神财富目录，而是学习如何更好地使用你所拥有的精神财富。是否有怒气并不重要，关键在于改变怒气的处理方式，以及怒气的利用频率，这才是改变性格。由此可知，性格可以随时改变。如果是替换精神财富，那绝非易事。或许你不想失去至今为止一直使用的精神财富，又或者你对拥有新的精神财富有抵触情绪。相较之下，改变现有精神财富的使用方式则并不困难。综上所述，性格完全可以改变。

38

若有心改变自己并为之努力,生活方式完全可以改变。性格一直都可以改变,直到人生落幕前一两天。

曾有人问阿德勒："人到多大年纪以后，就无法改变自己的性格了"，阿德勒回答说："人生落幕前一两天吧。"想必有许多人受到这句话的鼓舞吧。若是自身意志"想要改变"，那就能够改变。原因在于，你如今的生活方式是你自己创造的。

改变生活方式时，第一步就是要准确把握你此刻的生活方式。这里不是指"开朗""阴郁"之类的浅层性格，而是深层隐藏着的核心信念——"自我概念""世界观""自我理想"，你需要将它们用语言描述出来。

为了准确把握生活方式，阿德勒心理学派通常使用家庭成员构成（结构）分析以及对幼年时期的回忆进行分析的早期回忆等方法。由此，人们可以借助心理咨询师的力量自行改变生活方式。然而，改变生活方式并非易事，并不是在纸上写写画画随便演练一下就能轻易完成。稍不注意，就会立刻回归到原来的模式。这种来回的拉锯战会重复数百次甚至数千次。而后，你才能发现自己一点点地在改变。最终，我们需要花费已有人生的一半左右的时间才能完成全部的改写工作。

阿德勒个体心理学认为,
人生的问题无外乎三种:工作、交友和爱。

第 5 章
所有的烦恼都指向人际关系

——阿德勒关于"人生课题"的言说

39

　　所有的烦恼都是人际关系的烦恼。即便是遁世的仙人，其实也在意他人的目光。

阿德勒说，所有的烦恼都是人际关系课题。即便是独居遁世的人，其实也依旧在意他人的目光。这个道理从下面这个小故事便可一目了然。

从前，在一个村落里有一个抛却世俗欲望的神仙般的人物。他拒绝住在村子里，在山上搭了一个简易的棚屋住在里面，过着一个人自给自足的生活，丝毫感觉不到跟其他村民交流的必要。

有一天，这个村子遭遇了大火灾。村子化为废墟，人们决定离开这方土地，移居到其他地方。于是，整个村子开始了大迁徙。令人感到惊讶的是，连仙人这样隐居遁世的人物也移居了，他竟然也搬到了新的大山上居住，在那里可以眺望新的村落。可见，隐居遁世之人，并没有扔掉人际关系。他希望村子里的人们看到他"清净""别致"的形象，一如抛却世俗欲望的仙人一样。为此他成为隐居遁世之人。因为，他无法忍受生活在没有"看客"的居所。

所有人的烦恼都可归结为人际关系问题。我们在考虑自己要成为什么样的人的时候，必定考虑了周围人的目光。

40

"最近总是闷闷不乐""太忙了,不得休息"。即便是这种看似个体内在的烦恼,也都起因于人际关系问题。

"年纪大了，已经没法跟年轻人比了……"——这样的烦恼其实并非个体内在的烦恼。嘴巴上如此说，其实是想自我宣扬一下"我这个年纪这样努力已经很不错了，对吧？"

"最近总是闷闷不乐……"之类的话，也不能按照字面意思去理解，其实是想展现自己敏感纯真的形象，敏感得几乎要抑郁了。

"我太忙了，穷忙穷忙，越穷越忙，我也想稍微休息一下啊……"，说这样的话，也不过是炫耀忙碌，绝非真的消沉。

诸如此类，看上去像是吐槽个体内在烦恼的话，其实都有一个目的，都是在面向"他者"，展现自己的优越性，是一种"利用的心理学"。跟前文所说的隐遁居士是一个道理，所有言行都是意识到"看客"的存在而发起的。可见，对于我们人类而言，人际关系是多么重要，一切烦恼皆归结于人际关系方面的问题。

身体不好抑或是患上精神病，此类状况也是人际关系方面的问题。因为这是通过生病使自己变得特别，从而显示出优于他人的优越感。因此，对于这个人而言，生病是必要的。所有问题都是人际关系问题。

41

想要烦恼清零,除非全宇宙只有一个人。

所有的烦恼都归结于人际关系，例如"工作进展不顺利""目标无法达成"等，也都指向人际关系。假如说，即使工作进展不顺利、目标无法达成，你的上司或者身边所有的人都对你说"这样也没关系的，完全没问题的"，恐怕你就不会感到烦恼了吧。也就是说，这根本就不是工作进展不顺利所带来的烦恼，这是一种人际关系方面的烦恼，是担心自己有可能会被上司或身边的人否定。

但是，也有可能会有一些人不是这个样子的。有的人是，即便周围的人原谅自己了，也还是会不断地烦恼，考虑如果目标总是达不成，自己可能会被炒鱿鱼。阿德勒心理学认为，这仍然是人际关系方面的烦恼。"万一丢了工作"的烦恼，换言之，也是一种烦恼，即"担心在公司以及全社会这一人类群居的集体当中能否确保自己的一席之地"。因此，才会烦恼自己能够承担什么角色，做出怎样的贡献。这不是人际关系又是什么呢？

人无法一个人生存。想要彻底从人际关系的烦恼中解放出来，除非全宇宙只有一个人存在。我们是不可能从人际关系中逃脱的。

42

人生有三大课题：第一个是"工作的课题"，第二个是"交友的课题"，第三个是"爱的课题"。而且，解决这三个课题的难度是递增的。

阿德勒说，所有的人生课题都汇总在人际关系问题上，大致分为三类，分别为"工作的课题""交友的课题""爱的课题"，而且解决这三个课题的难度是递增的。阿德勒将这三个课题总称为"人生任务"（人生的课题）。

曾经有一个男性公司职员，有这样一个烦恼——"进行商品推销的商务谈判时，他一点儿也不紧张，能够非常正常地对话，但是，一旦谈话进入杂谈，他就会紧张得说不出话来……"。而且，据说这位男性跟女性交谈的时候也会紧张得手足无措。这个现象从阿德勒三大人生任务的角度来考虑，就能很好地解释。

所谓商务谈判也就是"工作的课题"。这是人际关系中最为简单的一项。比这一课题更难的是"交友的课题""爱的课题"。也就是说，杂谈、跟异性打交道，这些事情比工作要难得多。所以，跟工作伙伴之间的杂谈以及跟异性的交往中感到紧张，是十分自然的事情。"交友的课题""爱的课题"是比"工作的课题"更为复杂的人际关系类型。因此，难度增加也是理所当然的。那么，我们应该如何应对这些难题呢？后文我们将好好地谈一谈这个问题。

43

　　别人不是为了你而存在的。整天烦恼"他都不帮我××",恰恰证明你整天只考虑自己。

"什么都不帮我""一点都不重视我""怎么都不采纳我的建议"。

——如果有人因为以上一些理由就把别人排除在朋友圈之外，可以说是犯了大错。显然这个人只考虑自己。如此便无法解决"交友的课题"，也无法收获幸福人生。

所谓健全的人，指的是即便对方采取了跟自己预期不一样的行动，也还是能够将对方当作朋友来相处。没有哪个人是为了满足你的期待而活的，也不是只有你一个人处于世界的中心。每个人都同等地成为自己人生的主人公，每个人都想居于中心。不可能只有你一个人拥有特别的权利。

"交友的课题"与"工作的课题"不一样，那是一个没有套话、没有角色扮演的自由世界。正因为如此，"交友的课题"很难。在"工作的课题"中并不显露的个人生活方式（性格）方面的问题点，会全部如实呈现出来。如果一个人因为对方不帮自己便将对方排除在朋友圈之外，那么他不仅会在"交友的课题"中遇到困难，在比"交友的课题"更难的"爱的课题"中，也会非难别人，吃尽苦头。因为在这两个课题中，他们都是以相同的生活方式去应对的。

44

有的人为了逃避在"交友的课题""爱的课题"中的失败,异乎寻常地热衷于工作,这样的人对周末休息日都会感到恐惧。

有一类人被称作"工作狂",从不休息,每天工作到深夜。那么,他们是否真的那么喜欢工作、热爱工作呢?

当然,肯定有一些人的确是热爱的。但是,也有一些人不是这样的。也有不少人是为了从"交友的课题""爱的课题"中逃离而埋头于工作的。

"跟妻子的关系闹僵了,不想回家,所以才会每天晚上都在公司待到妻子已经熟睡才回家。"我有个朋友就是这样明说的。他正是一个典型的例子,为了逃避"爱的课题",异乎寻常地投身于工作。

他们热衷工作的理由,不仅仅是要逃避"现有的'交友的课题'或'爱的课题'",也是为了逃避"未来的'交友的课题'或'爱的课题'",因此在工作中寻求救赎。例如,有的人会说,"我想结婚,但是我工作太忙了没法结婚。"从阿德勒心理学的角度来看,这样说的人,其实根本不想结婚。他们过于惧怕暴露婚姻失败、人生失败这件事,逃避直面这一课题。

还有些人会说"工作太忙了,没空交朋友",也是同样的道理。他们为了避免暴露自身交友失败,拼命工作,一直努力不去交友。

45

　　所谓"爱的课题",指的是与异性的交往或者夫妻关系。这是人生最难的一项课题。解决好这个课题,便能收获最深刻的安宁。

提醒丈夫（妻子），或者给对方提建议，对方完全听不进去。然而，随便一个陌生人说了完全一样的话，对方却立刻听进去了，真是气人。大家是否也有过这样的经历？人总是对身边人的忠告敬而远之。比起身边人，人们更容易接受稍微保持一定距离的人的话。

富士山从远处看是一座美丽的山。但是，走近一看，尽是粗糙的岩石，到处都是垃圾，映入眼帘的尽是其肮脏的一面。与身边人的关系，尤其是恋人、夫妇等近距离的人际关系，也是同样的道理。远观所见，尽是优点，但如果整天在一起相处，看到的尽是对方令人讨厌的一面。而且，男女之间在价值观、思维方式、社会角色等方面差异颇多。尽管有这许多差异，却还要保持最近的距离，其结果便是，关系最难相处。

但是，只要我们活着，就无法回避"爱的课题"。而且，解决"爱的课题"所能收获的深刻安宁与平静，是在别处无法获得的。那么，如何解决"爱的课题"呢？这与解决"工作的课题""交友的课题"并无太大差异，做法相同，只是要求更高。所以，无法解决工作、交友课题的人，也无法解决"爱的课题"。

46

　　如果总是想让配偶服从自己，总是想教育自己的配偶，总是批判自己的配偶，这样的婚姻注定不会顺利。

本来，结婚就是把对方看得比谁都重要，把对方看得比自己还重要。不能总想着"自己从对方那里得到了什么""如何把自己的要求贯彻下去"，而是应该考虑"我能给予对方什么""我怎样才能让对方开心"，并付诸实践。而且，这不能靠某一方单方面行动，需要双方共同行动。这是唯一能够让婚姻生活变得幸福的方法。

因此，只要有一方想着"我总是正确的，对方才是错的"，这样的婚姻便无法顺利。还有，如果一方总想着"我位高一等，必须教育位低一等的对方"，这样的婚姻也不可能顺利。因为这样的婚姻不平等。

此外，支配并不局限于语言上。生理上、社会地位上而言力量相对薄弱的女性，有时候为了支配男性，会利用落泪、嘶吼、生病等手段。这也是一种力量支配。理所当然，这样的关系也不会顺利。终归两个人的关系是平等的，比起索取，更应该重视给予。只有这样，才能解决爱和婚姻的课题，收获幸福。

爱和婚姻的课题中，两性平等是前提条件。一旦这种平等关系崩塌了，两个人就会一直面临各种问题。

只要调查一个人的家庭构成，
就能了解这个人的生活方式是如何形成的。

第 6 章
家人就是世界

——阿德勒关于"家庭成员构成"的言说

47

　对于孩子来说，家人就是"整个世界"，如果没有父母的爱，便无法活下去。孩子拼命寻求父母之爱的战略，直接关系到孩子性格的养成。

相信有不少人在动物纪录片之类的节目中，看到过小马出生的场面。小马从母马肚子里生出来以后，会立刻开始用自己的脚走路。但是，人类就不一样了。人类幼崽跟其他动物比起来，是在非常不成熟的状态下出生的。如果没有父母的帮助，一个人是无法生存下去的。为此，人类幼崽特别惧怕遭到父母抛弃。因为如此软弱的存在，如果被父母抛弃，那就等于宣告死亡了。因此，孩子总是拼命努力获得父母的认可，寻求父母的关爱。

有的孩子通过听父母的话，成为好孩子，来寻求父母的关爱；有的孩子无法成为优等生，为了示弱，表现出病弱，寻求保护，以此吸引父母的关注；甚至，还有的孩子可能会通过问题行为，故意让父母为难，强行将父母的关注点转移到自己身上。这些孩子乍一看似乎都是完全不同的孩子，但其实，他们的目的都只有一个。他们只是为了吸引父母的关爱和关注，各自演绎着自己的战略。孩子会一边尝试这些战略，一边试探父母。慢慢地，那些成功的做法就被孩子保留下来，以后即便是长大成人了，也还是会反复使用这样的战略。而这些，最后会逐渐形成这个孩子的生活方式（性格）。

48

长子爱学习，次子爱运动，老小爱读书。兄弟之间各自擅长的领域不一样有其原因，因为他们各自试图在不同的领域获得认可。

比如说，长子擅长学习，是个认真的优等生，那么次子往往擅长运动，十分活泼。最小的儿子则会比较内向，喜好读书或游戏。如此一来，兄弟之间各自擅长的领域不一样，性格也不一样，这是十分常见的。之所以出现这样的现象，是有十分明确的理由的。

阿德勒认为，家庭关系，特别是兄弟姐妹（以下简称兄弟）的关系，对个体生活方式（性格）的形成有着巨大影响。第一个出生的孩子往往是在独占着父母的关爱下长大的。但是，一旦第二个孩子出生，第一个孩子就会突然失去这种独占状态，父母的关爱会被下面一个孩子夺走。由此开始了兄弟之间围绕"父母之爱"的争夺。第一个出生的孩子、中间出生的孩子以及最后出生的孩子，分别在自己擅长的领域大显身手，以期夺取父母的关爱和关注。但是他们绝对不会涉入对方擅长的领域（例如学习、运动），而是要在崭新的领域（例如艺术等）显示优于兄弟的优越性，以期获得父母的认可。

如此，阿德勒心理学认为，相比亲子关系，兄弟关系对孩子生活方式的养成会产生更大的影响。因此，通过调查"家庭配置"，即家庭结构图谱、家庭成员的人际关系以及家庭氛围、家庭共有的价值观等，可以分析一个人的内心。

49

　　老大作为第一个出生的孩子，独占父母之爱。但是，伴随着老二的出生，老大的"王位与特权"忽然被剥夺。于是，老大就要努力夺回曾经的"帝国"。

老大是父母的第一个孩子。因此，能够从父母那里获得深厚的关爱，并将其独占。但是，伴随着老二的出生，突然之间，老大的"王位"被夺。在此之前，老大都是一个人独占各项特权，突然间又多了一个人，抢走了父母的时间与关爱。老大对此是无法忍受的。很多时候，老大会对老二进行攻击，拼命夺回父母的关注。但是，如果这样做也无济于事，那么老大可能就会放弃获得正面关注，转而采取问题行动，吸引负面关注。

大部分情况下，老大因为年长，在弟弟妹妹中体格、智力各方面都更厉害，通常担任领导者的角色。因此，长大以后其责任感也会比较强，能够发挥领导才干。

另外，老大通常会树立非常高远的目标，并朝着目标奋斗，勤勉肯干。其很容易成为理想主义者、完美主义者，心中总想着"我必须总是最优秀的""我必须总是正确的"。因此，老大会喜欢逞强，容易过度。此外，老大也容易形成保守的性格，重视体面，重视法律、规则、权威。

阿德勒认为，鉴于以上原因，老大极有可能成为对社会有用的人，或者具有支配力量的人。

50

　　中间的孩子，由于从未独占过父母的爱，容易成为竞争心强、攻击性强、爱闹别扭的人。他们很容易产生这样的想法："自己的人生必须靠自己来开拓。"

所谓中间的孩子，指的是排行居中的孩子，被夹在哥哥、姐姐等年长者和弟弟、妹妹等年幼者的中间。

老大在老二出生之前，是独占父母关爱的。而老小，通常被惯养，很长时间都能享受婴儿般的待遇。但是，中间的孩子被上下夹击，从未独占过父母的关爱，经常不得不竞争。因此，阿德勒认为，中间的孩子，容易形成竞争心强的性格，因为他们必须要挤开其他兄弟姐妹，什么都要自我做主。

另外，由于经常要跟上面的、下面的兄弟姐妹竞争，地位不稳定，所以经常会感受到"自己被无视""不被关爱""被不公平对待"。于是，中间的孩子对这样的"不公平不正义"十分敏感，觉得"必须靠自己斗争"，因此容易成为攻击性强、爱闹别扭的人。

此外，中间的孩子通常都有明确的目标，即要追上哥哥、姐姐。因此，他们很容易成为现实主义者，"比起虚名，更重视实利"。

如果一个家庭中有三兄妹，通常是第二个孩子，会跟第一个孩子的性格截然相反。第一个孩子如果是活泼的性格，第二个孩子很容易逆向生长成内向的性格，因为第二个孩子要在和第一个孩子不构成竞争的领域彰显自己的特征。

51

　　老小容易被娇生惯养。因此,老小很容易自己不努力,却通过显示自己的无能来寻求他人的帮助,成为"永远的婴儿"。

唯独老小跟其他兄妹不一样，他们从未被要求从父母那里独立。父母不会对着他们说："你看，从今天开始，你就变成哥哥（姐姐）啦。从今往后，自己的事情要自己做了哦。"因此，老小可以沉溺在"永远的婴儿"的状态中。而且，很多父母由于下定决心"这是最后一次生孩子了"，就会把自己所拥有的东西、爱心全部给予最后一个孩子。因此，最后一个孩子成为被娇惯的孩子的概率极高。

如此娇生惯养长大的最小的孩子，在遇到问题的时候，不太会像排行老大或排行中间的孩子那样，考虑"必须自己想办法解决"，他们会容易形成依赖的性格，会通过展示自己的软弱无力，让父母、哥哥、姐姐代为解决。阿德勒认为，这样的孩子成为"问题儿童"的概率很高。

另外，老小因为上面有哥哥姐姐作为榜样，在人际关系方面比较擅长。在三人以上兄弟姐妹的竞争当中，经常会跟老大结成同盟，共同对抗排行居中的孩子。

但是，阿德勒也提到，并非所有老小都被娇惯，都是依赖性格，也有一些事例显示，老小也会为了跟年长的哥哥、姐姐竞争而努力，成为胜利者。

52

　　独生子女受父母影响较大。而且，跟老小不同的是，由于没有兄弟姐妹，很多独生子女不擅长人际关系。

独生子女没有竞争对手。他们是一直独占父母的关爱和关注而长大的，所以很容易长成娇纵、任性、以自我为中心的孩子。他们很容易有这类想法："我理所当然应该一直被关注""别人理所当然应该对我伸出援助之手，不帮助我的人就是敌人"。

此外，由于跟父母的关系十分密切，独生子女很容易受到父母的强烈影响。例如，家长如果是"操心病"，那么孩子也很容易缺乏自信，容易感到不安。

独生子女由于缺乏兄弟姐妹之间互相争夺、吵架打架、迂回进退、相互妥协的经验，因此不擅长人际关系。不过，由于其身边总是只有大人，因此独生子女往往擅长跟年长者打交道，不擅长跟相同年纪的小伙伴打交道。

由于身边总是只有大人，独生子女容易觉得自己比较无能，处于劣势，导致缺乏自信，依赖心理强。遇到问题，不自己亲手解决，而是喜欢依赖大人，通过示弱，寻求他人帮助来解决问题。

但是，偶尔也会有责任感强烈、独立自主的独生子女，不过，这些孩子也需要父母给予勇气。

53

　　行为举止、说话方式跟父母相似是有原因的。孩子试图通过模仿父母,获得父母拥有的权力。其结果就是孩子真的越来越像父母。

孩子像父母并非仅仅是遗传的关系。孩子经常会在无意识中主动去模仿父母的言行举止，这是有原因的。

第一个原因是，孩子想要跟其他家庭宣告，我跟我的父母是结成同盟的。当外人说"那个孩子简直跟他父亲一模一样""跟妈妈真像啊"，对于孩子来说，其实就是在向其他家庭宣告，自己跟父母是伙伴关系，自己已与父母结成同盟了。然后，试图在家庭当中占据较优越的位置。

但是，孩子不仅会模仿父母中跟自己关系好的一方，有时候还跟父母中自己讨厌的、对立的一方也很相似。这种情况则是出于第二种原因，即，虽然产生冲突，也还是想要获取那位父亲或母亲手中的权力。对于孩子来说，严格的父母是权力的象征。想在家中掌权的孩子，由于想要获取权力，就会不知不觉地去模仿掌握着权力的父母。

如此看来，我们发现，不论是第一个理由，还是第二个理由，其目的都是相同的。也就是说，孩子模仿父母并最终变得像父母，是一种战略措施，其目的是为了在家庭内部获取优越的地位。孩子会在无明确意识的情况下实施这些战略措施。日复一日模仿父母的行为举止和表情，不知不觉中，变得连神情都跟父母一模一样了。

54

孩子没法无视父母的价值观，要么全面服从接受，要么全面反抗。这就是为什么警察的孩子也会违法。

我们把父母所持有的价值观称之为家庭价值观。家庭价值观是一个家庭的理想和目标。比如说,"学历很重要""男人必须像个男人的样子、女人必须像个女人的样子""勤勉最重要""金钱是一切"等,这些都是家庭价值观。

家庭价值观不仅限于父母双方达成一致的事情,即便是双方未达成统一意见,但是经常在家庭话题中出现的那些议题,也属于家庭价值观。

孩子没法无视家庭价值观,很多时候,孩子要么全面服从家庭价值观,将其内化为自己的价值观,要么反过来,全面反抗。例如,警察的孩子对于"必须遵守规范"这一家庭价值观念可能采取的态度有两种。一种是全面服从,自己也对规范要求十分顺从。另一种是全面反抗,走向违法。与此类似,教师的孩子在学校学习成绩落后,也属于全面反抗的典型事例。

如此,家庭价值观对于孩子价值观念的形成有着巨大影响。但是,我们需要注意的一点是,孩子的性格并非"因果论"般地由父母的价值观所决定。孩子是根据自己的意志,决定服从还是反抗。不要忘记,人总是拥有"自我决定性"的。

55

　　孩子会过度迎合父母给自己贴的一些标签,比如"坚强的孩子""黏人的孩子""假小子""容易害羞的孩子"等。

如果一个母亲养育孩子的时候经常说"这孩子责任心很强",那么这个孩子就会为了迎合母亲的期待,促使自己"必须有很强的责任心"。而且,有时候还会前所未有地更进一步展现自己的责任心。孩子在迎合父母给自己所贴的标签。不仅仅是"责任心强"这样积极的标签,面对"黏人""假小子""容易害羞"这样的标签也是同样的。

孩子会为了迎合父母的期待、标签而努力,因为孩子觉得如果违背了父母的期待,就会被抛弃。而且,按照父母给自己所贴的标签表演,就可以收获周围人的关注和掌声,所以小孩子有时候会积极主动地去迎合。不管是哪一种,孩子都会为了符合父母的期待或标签而拼命努力。

但是,一旦过度了,就会产生逆反效果。有时候孩子会想"再承担更多责任我就受不了了",于是反过来做一些不负责任的行为。再比如说,有时候孩子会对"好孩子"的标签感到疲惫,于是故意当"坏孩子"。

这些结果与父母的期待相反,所以父母可能会感到"期望落空"。但是,有时候,恰恰是父母的期待造成了孩子采取这些逆反行动。可见,父母对孩子的期待或给孩子贴的标签会对孩子性格的养成产生影响。

56

　　阿德勒派心理咨询师会通过掌握家庭成员构成和孩童时代经历，来搞清楚咨询者现在的"性格"。

性格（生活方式）是人生的脚本和地图。这是一个大约在我们10岁左右便会完成的脚本和地图，我们会使用这个脚本，终生重复相同的思考、情感、行动模式。心理咨询师如果想去除咨询者精神上、身体上的苦痛，就必须搞清楚咨询者现在的生活方式，如果他误入歧途了，咨询师则必须成为领路人，帮助咨询者切换到正确的生活方式。

阿德勒派心理咨询师诊断咨询者的生活方式时，最为重视的就是其家庭成员构成分析，以及关于幼年时期记忆的早期回忆分析。在家庭成员构成分析方面，咨询师需要搞清楚咨询者幼年时期一起生活过的家人的年龄、职业、性格、体格以及智力方面的优越性、社会地位、职业等，还要画图分析成员之间的亲疏好恶关系。以此来推测父母、兄弟姐妹当初是如何对待咨询者的，从而推理由此形成的咨询者本人的生活方式（自我概念、世界观、自我理想）。

而早期回忆分析也是十分有效的方法。请咨询者说出3～6个其最早的记忆或者是最鲜活的记忆，对此进行分析。这时候，哪怕咨询者的记忆不太清晰、话语极端抑或不太真实，也没问题，因为修正或创造出来的记忆，也有其意义。通过这些可以明确咨询者现在的性格。

任何人都可以完成任何事情。

第 7 章
不可以斥责,也不可以表扬

——阿德勒关于"教育"的言说

57

在斥责或表扬声中长大的人,如果没有斥责或表扬就不会行动。并且,他们会把不认可自己的人当作敌人。

时至今日，还是有很多人认为，表扬或训斥，或是使用胡萝卜加大棒这种软硬兼施的方式养育孩子是正确的。这绝对是错误的想法。如果有人因奖励或表扬而按我们所说的行动，那么这个人就不是出于自己的意愿行事。因此，只要我们停止奖励或表扬他们，他们就会停止行动。这意味着，只要我们通过奖励或表扬来诱惑对方采取行动，那么他们一生都需要这种诱饵才会行动。而且在我们看不到的时候，对方就会停止行动。只有在我们看着的时候他们才会行动。

与之相反的大棒教育，即通过惩罚或训斥防止对方做出问题行为，也是同样的道理。因为对方不是根据自己的意愿停止行为的，所以如果没有强迫力量的话，他们会继续问题行为。在我们的眼睛监视不到的地方，对方大概就会做出问题行为吧。换句话说，胡萝卜加大棒软硬兼施的方式并不能解决任何问题。

不仅如此，如果对方习惯于被我们以这种软硬兼施的手段所控制，当他们不再受到夸奖时，会把我们视作敌人，并指责我们"你为什么不表扬我"。因此，我们决不能控制他们。这不是教育，因为这种做法甚至会产生相反的效果。

58

　　斥责有暂时性效果，但并不能从根本上解决问题。相反，它剥夺了对方的活力，使对方越来越不听话。

如果父母大声斥责孩子"你快给我停下来",孩子会暂时停止这种行为。如果父母威胁孩子"你要这样做的话,就不给你糖吃了",这也许能让孩子暂时按照父母的想法行事。然而,"斥责""惩罚""威胁",只能起到暂时性的效果。想从根本上解决孩子的问题行为,这些手段不但不起作用,反而很多时候甚至会产生负面影响。

严加训斥和唠叨批评会让孩子失去自信,受到深深的伤害,导致他们丧失勇气,还会导致他们失去迎接困难的活力,变得逃避困难、采取不恰当的行为。此外,惩罚和威胁会使他们怨恨对方,变得更加固执,越来越不听话。这不仅是父母和子女之间的情况,同样也适用于前辈训斥后辈或者上司训斥下属的时候。斥责剥夺了对方的活力,使他们变得固执,变得越来越不听话。因此,这些方式只会起到反效果。

然而,我们并不知道这一点。所以我们把暂时的补救措施误认为是真正的解决方案,并且不断重复错误的教育手段——"斥责""惩罚""威胁"。事实上,真正的解决方案是要以平等的视角进行对话。我们不能因为暂时的抑制作用而忽略问题的本质。

59

　　为了让对方认识到错误，只需进行一次亲切的交谈即可。关键在于，建立一种能够做到这一点的信赖关系。

"虽然我知道'不能训斥',但是对方的问题行为没有改正。这种时候我应该怎么做?不训斥,我该如何让对方认识到自己的错误?"对于这个问题,阿德勒给出了明确的答案。

"没有必要训斥、惩罚或威胁对方。一个简单的解释或亲切的交谈就足够了。如果双方存在信赖关系,对方自然会接受。"

关键在于,建立一种信赖关系。这样一来,对方就能接受我们的解释或谈话。不过即便如此,我们也不应该在对方的问题行为发生后立即做出解释。因为这仅仅是在语言表达上相对温和,实际上仍是一种斥责。正如前文所述,伪装成谈话的训斥,并没有教育效果。

如果可以的话,我们应该在问题行为发生后,经过一段时间,气氛变得较为平和时,再和对方讨论这个问题。告诉对方,"如果你能这样做,我会感到很高兴""你有这种行为,我感到非常难过"。在这种交谈中,不应该使用控制性或支配性的语言。我们只需传达自己的感受,然后等待对方根据自己的意愿改变行为即可。

60

　当我们关注问题行为时,对方的问题行为就会反复发生。斥责,是养成坏习惯的最佳训练。

孩子只是偶尔无意中把手放在鼻子上，父母就训斥孩子："不要挖鼻孔。"这样一来，孩子下次一定会挖鼻孔。"我不是说了不可以这样做吗？"母亲每次都这样批评孩子，导致挖鼻孔真的成了孩子的坏习惯。其实，这不是孩子擅自养成的习惯，而是由于母亲的斥责使孩子养成了挖鼻孔的习惯。

斥责是养成坏习惯的最佳训练和最有效的方法。孩子会重复父母关注的事情。如果孩子没有得到父母的认可、表扬等正面关注，就会试图得到被训斥之类的负面关注。孩子最不希望被父母忽视。与其被忽视，他们宁愿被训斥。这就是为什么孩子被父母斥责后会感到高兴。而且，他们为了挨骂，会反复挖鼻孔。这并不仅仅限于父母和孩子的关系中。

如果想让对方停止问题行为，即使发现了问题行为，也不要关注和训斥他们。然后，在问题行为没有发生时，关注并认可其合理的行为。着眼于问题行为会适得其反。相反，父母应该着眼于孩子正确和合理的行为上，哪怕这类行为只有一点点。这才是教育者应该采取的正确姿态。

61

　　不要把孩子和他人做比较。重要的是找出孩子自身做得好的部分，哪怕这部分只有一点点。并且要让他意识到自己的这些闪光点。

"看看隔壁的小 A！多好的孩子啊。相比之下，你真是没礼貌！""看看你妹妹小 B 多乖啊！你是哥哥，却表现得这么差。你要和小 B 多学学！"

父母在教孩子一些东西时，很容易拿周围的孩子和兄弟姐妹做例子，进行比较。目的是为了给他们树立榜样，同时让他们意识到自己的错误，起到惩戒的作用。然而，这并不奏效。做比较会使孩子失去自信心，受到伤害，还会导致孩子的自卑感增强。这样一来，孩子会试图用错误的方式来弥补这种自卑感。很多情况下，这会导致问题行为。换句话说，当父母拿孩子跟其他人进行比较时，并不会消除问题行为，甚至还会增加问题行为。而且这种情况不仅仅发生在父母和孩子之间，也可能发生在前辈和后辈之间，上司和下属之间。这些时候，也不应该和周围的人进行比较。如果你想给出一个正确的示例，重要的是从他们本人身上找出做得好的部分，即便只是一小部分，然后让他们意识到自己的闪光点。哪怕非常有限，也要指出他们做得好的部分，认可这一部分并要求他们做得更多。如果要比较，也是拿对方的过去和现在进行对比，表扬对方的"个人最好成绩"。

62

　　人只能通过失败学习。让他们经历失败,我们只需默默注视他们自己做出改变的决定。

阿德勒心理学在教育方面，注重"让人体验后果"。如果孩子不愿意收拾东西，通过训斥、威胁强迫他这样做，他也不会因此学会收拾东西。不训斥、放任他们，反而更有效。因为没有把东西收拾整齐，当孩子们寻找自己想要的玩具时，会苦苦寻找而不得。于是，他们会学到一个道理：如果把东西收拾整齐了，找起来就会容易得多。

但是，玩具用完不收起来就这样放在一边，对大人来说也是一种压力。面对这种情况，大人只需准备一个大箱子，把孩子弄得一团糟的玩具和衣服一件件扔到箱子里就可以了。这样一来，地上干净了，大人的压力也消解了，不是吗？然后，孩子会苦苦寻找被胡乱扔进箱子里的玩具，并从中学习整理的重要性。

这种"让人体验后果"的方法不仅适用于儿童教育，也适用于成年人。人们会从失败中学习。因此，即便是有风险的事情，也大胆地交给他们去做，这一点很重要。比起害怕一两次的失败而什么都不让做，故意让他们失败更重要。不是等到他们能做到了再交给他们，而是因为把事情交给他们了，他们才逐渐能够做到。阿德勒的教导同样适用于成人教育。

63

不是给予惩罚,而是让他们体验后果。如果孩子到了吃饭时间还没回家,根本无须斥责,不让孩子吃饭即可。

尽管规定了晚饭时间是6点,有些孩子耽于游玩,很晚才回家。母亲每次都要重新加热食物,还得洗两次碗。但孩子毫不在意母亲的辛劳,若无其事地继续晚回家。这种时候,许多母亲只会责备孩子,无计可施。但是,如果让孩子体验到后果,不用强迫,他们也会自愿回来的。

阿德勒的得意门生鲁道夫·德瑞克斯给遇到这种情况的母亲们提出了以下忠告:"和孩子约定,'如果不遵守吃饭时间,就不给饭吃'。让孩子遵守约定就好了。如果孩子回来晚了,问'妈妈,饭呢?'母亲只需回答'抱歉,因为你回来晚了,所以没饭吃了'即可。"

这与前文所示的自然后果不同,这是一种让孩子体验到逻辑后果的方法。这种方法不仅对孩子有效,对大人也有效。例如,如果对方不能按时完成,就要求更换负责人,诸如此类,皆可运用。不过,如果这个约定过于严格甚至看上去不合理时,对方可能就不会把它看作是一种约定,而是看作一种"惩罚"。另外,让他人体验后果时,不能没完没了地故意挖苦。因为那也会变成"惩罚"。不是给予惩罚,而是让他们体验并意识到后果。这就是阿德勒的教育观。

64

"我们家这孩子说话晚,所以……"母亲一边说着这样的话,一边承担起为孩子"翻译"的角色。这样一来,孩子就不必自己开口说话了,于是,说话也就真的变晚了。

有时父母为了不让孩子受苦而帮助他们。然而，这些行为往往会变成对孩子的溺爱，阻碍孩子的教育。母亲需要温柔地对待孩子，但温柔和娇惯是有区别的。娇惯，意味着剥夺孩子自己做事情的机会。"你还不行吧，所以我来帮你做。"说这话的母亲剥夺了孩子成长和学习的机会，并让孩子依赖自己，说"这孩子没有我什么都不会……"，从而提高母亲自己的存在意义和价值。其结果是，孩子的依赖性变强，变得"没有父母什么都做不了"。当然，这不仅适用于父母和孩子之间。一个老板如果为了不为难下属而娇纵他们，也会导致下属无法独立完成任何事情。

教育是为了引导对方独自解决课题，绝不是把对方宠坏。娇惯会使对方变成寄生虫，被娇惯着的人会逐渐丧失自己解决问题的意欲。结果，他们就没法培养出独自解决课题的能力。因此，父母必须给孩子独自解决课题的机会。父母应该做的，不是承担孩子的课题，而是鼓励孩子独自解决课题。

65

　　当你不知道如何育人时，问自己一个问题："对方将从这一经历中学到什么？"这样一来，你就会找到答案了。

假设你和孩子做了如下约定："如果你不收拾干净的话，明天就不能玩玩具。"孩子同意了。但是，前一天没收拾的孩子，第二天因为玩不到玩具，又是生气、又是号啕大哭。哭闹声打扰了周围的人。于是你开始犹豫：要不要打破和孩子的约定，给他玩具让他安静下来。那么，我们到底该如何是好？

这种时候，我希望你能问自己这样一个问题："孩子将从这一经历中学到什么？"在这种情况下，如果违背了承诺，给孩子玩具，恐怕孩子学到的是"即使打破了约定也没关系，只要哭闹就能得到原谅"。家长的这种做法会向孩子灌输错误的思维方式。因此，在这种情况下，不要给孩子玩具，也不要责骂，而是微笑着对孩子说："妈妈也很遗憾你不能玩玩具，所以下次我们一起收拾吧。"

这是一条普遍法则，即使对方是成年人也同样适用。每当我们不知道如何育人时，有必要问自己："对方将从这一经历中学到什么？"这样一来，我们就会找到自己应该如何行事的答案。

如果有一个基本方法可以帮助我们克服所有这些困难,那一定是培养共同体感觉。

第 8 章
获得幸福的唯一方法是他者贡献

——阿德勒关于"共同体感觉"的言说

66

　不要仅重视自己的利益，也要重视同伴的利益。给予对方的，要多于从对方处获得的。这是获得幸福的唯一途径。

阿德勒和他的得意门生鲁道夫·德瑞克斯等人多次谈到了拥有"共同体感觉"的重要性，因为这是摆脱苦恼、获得幸福的唯一途径。而且，他们认为共同体感觉是在"对他人的贡献"中形成的。在社会中没有自己的位置是一件非常可悲的事情。但是，即使你诉苦也没有人会给你帮助的。那我们就要自己创造一个位置。为此，我们必须从"对他人做贡献"开始。这样我们就会得到他人的感激，作为回报他人也会给予我们支持，从而在社会中创造一个属于自己的位置。

综上所述，阿德勒提倡的共同体感觉所包含的理念，与基督教等宗教，以及现代自我启发理论极为相近。由于这个原因，阿德勒心理学受到早期心理学家的批评，称其"不科学"。但是，共同体感觉对于建立健康的人际关系，拥有健康的生活来说是不可或缺的。而且，在现代心理学中，阿德勒的理念已经成为"常识"。这就是我们说"阿德勒的理论领先于时代一个世纪"的原因。

如果你觉得"没有自己的位置"，不要抱怨"周围的人都不理解我"，而是要为周围的人做出自己的贡献。这样你就一定能找到自己的位置。

67

　　必须有人先开始，即使没有任何回报，即使没有任何人认可你，也要"从你"开始。

西格蒙德·弗洛伊德对阿德勒之前的心理学产生了巨大影响，不过他的理论与阿德勒有很大的不同。弗洛伊德心理学的理论有点像被宠溺长大的孩子："我为什么要爱邻人""我的邻人会爱我吗"。相反，阿德勒则发展出一个如同成熟的大人一般的理论。

阿德勒认为，询问"我为什么要爱邻人""我的邻人会爱我吗"这种话的人，就会发现他们没有受过合作的训练，这番话暴露了他们只关心自己的事实。生活中所有失败的原因都在于我们只考虑自己。

此外，阿德勒还提到了，各种宗教也传递了类似的观念，几乎与他所倡导的共同体感觉一模一样。他说："我赞成人们以相互合作为最终目标的任何活动和努力。有趣的是，如今，越来越多的科学证实这种思维方式十分有价值。"

阿德勒的倡导与基督教有些接近。"必须有人开始。即使其他人不合作也没关系，你必须要开始。"换句话说，他是在告诉人们，"即使你的邻人不爱你，你也应该去爱他"。在我看来，这句话揭示了摆脱一切痛苦的精髓所在。

68

"他人给予我帮助""我可以为他人做出贡献""我是他们中的一员",这种感觉会使你摆脱一切困难。

"共同体感觉"可以说是阿德勒心理学的核心思想。阿德勒说："阿德勒心理学在实践上的目标是培养'共同体感觉'，这种意识一旦发展起来，就能使我们摆脱一切困难。""共同体感觉"由以下三个部分组成：

①周围的人给予我帮助＝他者信赖。

②我可以为周围的人做出贡献＝自我信赖。

③（作为结果）我在共同体中有了自己的位置＝归属感。

此外，①的他者信赖和②的自我信赖之间存在着因果关系。关于第①点，正是因为我觉得他人会帮助我，我才能够对他人做出贡献。如果我觉得周围的人都是我的敌人，由于害怕，我恐怕很难做出贡献。因为如果我热心地做事，结果却惨遭拒绝，我会受到巨大的伤害；因为当人们出于善意而拒绝我所做的事情时，我会受到很大的伤害。

反之亦然。也就是说，关于第②点，如果我觉得我可以为他人做出贡献，我就能够信心满满地为他人做出贡献。如果没有自我信赖，觉得自己根本不能为他人做出贡献，那么也就无法迈出为他人做贡献这一步。

第 8 章
获得幸福的唯一方法是他者贡献

那么,既没有①也没有②的人,应该怎么做呢?答案如前所述——从你开始。不求回报,也不求认可,就从你这里开始。

69

你是否只为自己着想？掠夺者、支配者、逃跑者，这些人是不会幸福的。

第 8 章
获得幸福的唯一方法是他者贡献

阿德勒在 1933 年发表了如下类型划分。在共同体感觉高的人、共同体感觉低的人这一分类轴之上，增添了活跃度高低这一分类轴，以此划分出四个象限。两方面都很高的人是"对社会有用的人"。我们认为这种类型的人是健康的。而且我们设定，不存在共同体感觉高而活跃度低的人。因为共同体感觉高的话，一定伴随着活动。另外，共同体感觉低的人进一步被分为两种。

第一种是活跃度高的人。这类人会成为"支配周围人的人"，他的活动大部分都是"比起别人，优先考虑自己"。这俨然是一副具有支配性的姿态。长此以往，他的周围会不断有人离开，人生绝不会顺利。

第二种是共同体感觉和活跃度都比较低的类型。这种"比起别人优先考虑自己"和"不活动"的类型，又可以细分为两种人。

其一是"从他人那里掠夺的人"（Getter）。他们认为别人为他们所做的一切都是理所当然的，不会去感激。而且会对那些不帮助自己的人感到怨恨和愤怒。如果保持这样的心态，无论是人际关系还是人生都不会顺利。

其二是"逃避世界的人"。由于他们的共同体感觉薄弱，他们会觉得处理人际关系很麻烦，因此选择不和人接触，闭门不出。神经症患者也属于此类型。除非提高共同体感觉，否则这类人永远无法过上幸福的生活。

70

　当人们感到没有自己的位置时，可能会精神错乱或沉溺于酒精。其实可以通过为他人做贡献来确保自己的位置。

罪犯、精神病患者、酗酒者、性变态者、自杀者等，乍一看，这些人的问题完全不同。但是，阿德勒却一语道破——他们的问题根源是同一个，即"共同体感觉"的薄弱。因为他们比起别人优先考虑自己，感受不到别人的支援，从而被社会孤立。

阿德勒指出，这些问题行为全都是因为感到没有自己的位置而做出的补偿性反应。并且，阿德勒明确指出，"当共同体感觉存在并得到发展时，我们就能摆脱一切困难。"

罪犯通过欺骗社会、愚弄警察获得优越感。他们这样做是为了弥补因共同体感觉薄弱造成的社会地位缺失。精神病患者希望得到周围人的同情，希望获得一张免罪符，即"因为生病了，所以没有办法"，并且因此有了借口，可以说"如果不是生病，我就能够做到了"。这样做，也能弥补共同体感觉薄弱造成的地位缺失，不是吗？因此，各种问题行为都是那些无法获得"社会位置"的人尽力挽回的手段，而他们本可以通过提高共同体感觉轻而易举地获得其位置。然而，他们通过这些问题行为得到的并不是一个"真正的"位置。因此，他们一定会陷入僵局。

71

"我没有在工作中失败,因为我没有工作。""我没有在人际关系中失败,因为我没有加入人际圈。"——他的人生是完美的,也是最糟糕的。

避免失败最可靠的方法是不挑战；避免在公司输给竞争对手的最好方法是不在公司工作；谈恋爱时避免被异性拒绝的最好方法是不表白。只要不加入人际圈，就不会受到伤害。我们这样做是因为我们觉得，比起在人际关系中受伤，独自一人的寂寞要好得多。

但是，人只有在群体中间才能感受到幸福。在一个人都没有的无人岛中，即使你开着豪华汽车，住在大房子里，也不会感到幸福。"工作的课题""交友的课题""爱的课题"，人生是一系列的课题。只有当我们鼓起勇气挑战并克服这些课题时，幸福才会降临。而为了克服这些课题，我们就需要有克服困难的活力。即作为燃料的"勇气"和作为前进方向的"共同体感觉"，只要拥有这两样东西，所有的课题都有可能得到解决。

"工作的课题"，只能通过直接或间接地对客户做出贡献，才能得到解决。"交友的课题"，只有对朋友做出贡献并且信赖朋友，才能得到解决。"爱的课题"，只有更深入地做到前两件事之后才有可能得到解决。这样一来，在每个场合我们都能找到归属感。同时，内心的平静也会随之而来。

72

不要擅自侵犯他人的权利。如果你尊重他人的权利，让他们自己做决定，他们就会变得相信自己，也相信他人。

父母和孩子；上司和下属；前辈和后辈。即便是存在上下级关系，如果借此擅自侵犯对方的权利，也会引起对立。如果父母命令孩子收拾房间，孩子可能会不想受父母摆布，于是固执地拒绝收拾。这时一定会发生亲子间的权力斗争，互相展示谁的权力更大。这样的场景同样也会发生在上司和下属、前辈和后辈的关系中。

强迫会引起对立和权力斗争。如果我们不这样做，而是让对方自己做决定，承认对方的权力，这样对立就会消失，对方就能够冷静地做出判断。冷静思考后，发现确实有必要收拾房间时，他会主动去收拾。

如果反复发生这种强迫和对立，无助于对方养成共同体感觉。被责骂、被强迫会加强自卑感，自我信赖也会消失。他们还会将强迫方视为敌人，于是他者信赖也会消失。最终会导致他们在社会中失去自己的位置。

反之，如果父母或上司让孩子或下属自己做决定，尊重他们的权利，孩子和下属就会慢慢形成自我信赖和他者信赖。相应地，他们也就能在家庭、组织和社会中找到自己的位置，也会开始习得共同体感觉。培养共同体感觉的第一步就是停止强迫，增加获得他人尊重的体验。

73

不要表扬对方"你做得很棒",而要传达感激之情"谢谢你,真是帮了我大忙"。如果体验到被感激的喜悦,对方就会积极主动地反复做贡献。

父母或老师要想增强孩子的"共同体感觉",就必须从让孩子积累自我信赖和他者信赖的体验开始。具体来说,就是向孩子寻求帮助,并向他们传达感激之情。

无论是谁,被别人感谢时,都会很高兴。而且,只有别人对我们的贡献回以感激时,我们的自我效能感才会获得满足,并感受到自我信赖。与此同时,也会对对方产生信赖感。也就是说,开始萌发他者信赖。

"感谢"和"表扬"之间是有区别的。例如,孩子帮忙收拾时,对他说"谢谢你,真是帮了我大忙呢"和"真了不起,做得很棒",给听话人的印象是不同的。"感谢"是来自横向的视线,"表扬"是来自上方的视线。事实上,新员工不会表扬社长说"做得真棒"。如果真这样做了,社长应该会恼火。这是因为,"表扬"是来自上方的视线,而且说这句话的前提是对对方"本没有期待"。

比起受到来自上方的视线的"表扬",来自横向的视线的"感激"更有助于个体自我信赖和他者信赖的建立,增加贡献和感激的体验是养成共同体感觉最重要的途径。

74

摆脱痛苦的方法只有一个,就是让他人快乐。想想"我能做些什么",然后付诸行动即可。

罹患神经衰弱、失眠的患者问道:"我怎样才能摆脱这种痛苦?"阿德勒回答说:"通过让他人快乐。想想'我能做些什么,怎么样才能让他人快乐',然后付诸行动。这样一来,悲伤的情绪或失眠症状就会消失,一切问题都会得到解决。"

作为阿德勒学说的解说者,我活用了笔记本这个工具来实践这个方法。我每天会一边看着笔记本,一边列出能让周围的人高兴的事项,并用心地逐一去实践。做笔记时,我将周围的人进行了分类。例如家人、朋友、同事和客户。每天早上我都会列出我能想到的"让对方开心的方法",并尽我所能地去执行。没有什么比让对方高兴并收获感激更令人感到幸福的了。这将帮助我们在社会中找到自己的位置,不断增强共同体感觉。

另外,积累小的美德也是有用的。例如,捡起掉在路边的空罐子扔向垃圾桶,给老人让座,让他人先进电梯。愉快聊天时,不自顾自地说话,承担起倾听他人的角色,等等。当我们重视他人胜过自己时,共同体感觉就会增强。我们也会离幸福更近一步。

75

　　提出不同意见的人不是想批评你。有差异是理所当然的,正因为如此才有意义。

阿德勒说，增强共同体感觉类似于基督教中"爱邻人"的概念。而且，对邻人的爱不是"因为邻人爱我，于是我也爱邻人"，而是"即使邻人不爱我，我也爱邻人"。换句话说，就是付出不求回报的爱。

而且，我们不仅不能要求任何回报，还应该允许与自己不同的意见和价值观存在。"只爱与自己意见、价值观一致的人"，是不可能增强共同体感觉的。因为人的价值观各不相同，意见不同是理所当然的。

当我们听到不一致的声音时，我们会觉得自己好像被谴责了，这让我们感到不舒服。而且，我们很容易对与自己意见不同的人做出竞争性反应。但是，这并不能增强共同体感觉。相反，我们需要接受而不是谴责与自己有不同意见的人。差异是被允许存在的。我们应该认识到，因为有不同意见，生活才有意义。同样，我们也不能把自己的意见强加给他人，要允许对方跟自己持不同意见。有差异是理所当然的，我们需要接受这一点。如果我们能这么想，自然就能增强共同体感觉，从而可以确保自己的位置，进一步通向幸福。

76

　请承认并接受自己的不完美,请承认并原谅他人的不完美。

允许与自己不同的意见存在，不把自己的意见强加给他人。前面我们已经说过，这是增强共同体感觉的具体方法。同样，我们还需要承认他人和自己的不完美，这也是增强共同体感觉不可或缺的具体措施。

我的朋友 A 说，在庆祝 B 夫妇结婚的晚宴上，他对那些不讲礼貌、吵闹的朋友们产生了强烈的愤怒。A 认为，新婚的夫妇本应是主角，他们是听众。然而，其他朋友却毫不在意这些，自顾自地玩得很开心。他提醒了那些人，但他们只是敷衍般地回答"好，好"，完全没有要改变的样子。A 蔑视他们缺乏涵养的行为，并试图通过责备他们来加以阻止。

我认为 A 能够为他人考虑这一点很好。但是，如果把这种考虑强加给其他朋友，那就违背了共同体感觉。那些考虑不周，大声喧哗的朋友们是不完美的人，但怒视着他们的 A 也同样不完美。彼此都是不完美的。既然如此，我们应该原谅他们和自己的不完美。做不到这一点，我们就无法增强共同体感觉。不完美是可以的。正因为不完美，我们才是普普通通的人类。这也正是人类的可爱之处，我希望我们能一直拥有这种宽阔的胸襟。

77

　　不是"信用",而是"信赖"。"信赖"是指即使没有保证或担保也相信对方,即使有可能遭到背叛也相信对方。

听到"信用××"时,你会联想到什么?很多人会联想到金融交易方面的词,如"信用交易""信用金库"等。那么,我想问大家,如果将"信用"一词换成"信赖",是否仍然成立?例如"信赖交易""信赖金库"等。这样一改,恐怕就不太容易理解了。

为什么说难以理解,原因在于"信用"和"信赖"之间有着明显的区别。"信用交易"是指当事人先提供存款余额或保有资产、之前的交易业绩、担保物等,可以作为保证的信息,然后才可以进行交易。换句话说,"信用"是以保证或担保作为条件换取信任的。

但是,"信赖"有所不同。与"信用"相反,在没有任何保证或担保的情况下信任对方,谓之"信赖"。没有保证,意味着对方可能会背叛你。是的,即便如此,也还是相信对方,这就叫作"信赖"。阿德勒所提倡的"共同体感觉"就是以"信赖"为基础的。自我信赖和他者信赖都是从信任开始的,即使没有保证,甚至有可能遭到背叛,也要无条件地信任对方。如果我们怀疑对方,就无法建立信赖关系。而且,信赖关系也应该从你自身开始建构起来。这是通往幸福的道路,是增强共同体感觉的方法。

78

　　感受到"自己有用",但不需要别人感激或者是表扬。贡献感是只要"自我满足"就可以了。

为了增强共同体感觉，个体必须获得"贡献感"，增强自我信赖。但这并不意味需要别人对自己感激或表扬。即使被所有人无视，也要能感受到一种"贡献感"。

这是一种自我满足。"我做得很正确。虽然没有得到任何人的认可，但我对某些人是有用的。"像这样的自我感受是最正确的感受"贡献感"的方式。如果没有他人的感激或认可，你就无法感受到贡献感，那么你会一直依赖他人。如果别人没有夸奖你，你恐怕会对他感到愤怒，然后会寻求感激。那可不是真正的贡献感。真正的贡献感并不依赖他人，而是自我满足就可以了。

西乡隆盛曾言："不以人为对手，以天为对手，由此尽己责而勿咎人，寻己诚之不足。"这句话的意思是，不要寻求别人的认可或感激，只遵循天，即人的正确道路行事。这与阿德勒的教诲有相通之处。此外，在儒家经典《大学》中，也有"慎独"一词。意思是不要在意别人的目光，即使没有人看到也要继续做正确的事。由此可见，有关通往幸福的道路，东西方的理念是共通的。

79

　当你不知道如何做出判断时,应该优先考虑更大的集体利益。伙伴优先于自己,社会整体优先于伙伴,这样做就不会做出错误的判断。

阿德勒所提倡的"共同体感觉"中的"共同体",并非指向某个特定组织,而是一种抽象的概念。因此,在将其应用于日常进行具体思考时,有时会产生迷茫——是不是比起自己,优先考虑公司就可以了呢?然而,作为抽象概念的共同体不仅适用于公司,也适用于家庭、社区,甚至是国家、世界,以及囊括了动植物在内的整个宇宙。当我们考虑到上述每个具体共同体的利益时,答案可能也会不同。

例如,当公司产品出现问题时,如果向社会公开这个问题,进行产品召回,公司一时间会受到很大的打击。因为除了回收成本和库存处置造成的直接损失外,还会造成信用损失,以及销售额和利润大幅下降等损失。因此,公司会犹豫是否公开这一事实。但是,这个时候如果考虑到更为广大的整个社会的利益,而不是公司的利益,就会立刻意识到,应该尽快公开事实。

因此,阿德勒呼吁,当个人、公司、社会和其他共同体的利益和损失不同时,我们只要考虑更大的集体的利益,就不会做出错误的判断。这才是真正意义上的共同体感觉。如果只考虑自己一个人的利益,就会做出错误的判断。

80

　　对于那些不讲理的上司或者学校里的老师，没必要非得从他们那里获得认可。只要你自己成为市场价值更高的人就可以了，在更大的共同体中思考问题即可。

提高共同体感觉是获得幸福的唯一途径。这样一来，就会有人误认为，是不是有必要放弃自己的想法，去迎合上司、公司等共同体。于是，经常有人问我："我有一个不讲理的上司。为了得到他的认可，我必须做一些错误的事吗？"我回答说："不，你不必这样做。如果你认为是错的事，就请说它是错的。"与不讲理的上司或老师唱反调并不违背共同体感觉。

正如前文所述，共同体不仅包括公司、学校，还包括国家、世界这样广泛的空间。阿德勒说过，当我们不知道该如何做出判断时，可以在更大的共同体范围内思考。就刚才的例子而言，也就是说，我们没有必要争取不讲理的上司或老师的认可，我们要让自己成为能够获得全世界认可的人。只要你能成为其他公司"抢手的人"就好了。如果你因为表达了不同的观点而被公司、学校开除，那么从一开始你就没有必要待在那里。

不过，我们不能忘记从目的论的角度思考问题。不排除一种可能性，那就是你认为他们不讲理，是因为在此之前你就有打算离开公司或学校这一目的。因此，希望你能在注意到这一点的基础之上，冷静地判断共同体问题。

阿德勒心理学的治疗目的,
始终是提升个人直面人生问题的勇气。

第 9 章
拥有克服困难的勇气

——阿德勒关于"勇气"的言说

81

　　所谓"勇气",指的是克服困难的活力。没有勇气的人,一遭遇困难,就坠入人生的黑暗面了。

人生无处不困难。"工作的课题""交友的课题""爱的课题",在每个课题中,困难都会接踵而来。这些困难还考验着我们的共同体感觉。我们每天都在经受着考验,考验我们能否在不那么从容的时刻也保持"考虑他人,把他人放在第一位"的共同体感觉。

阿德勒将这种克服困难的活力称之为勇气。如果有勇气,就能在保持共同体感觉的同时解决困难。但是,如果缺乏勇气,就会缺乏克服困难的活力,落荒而逃。抛弃共同体感觉,逃向轻松的道路,坠入人生的黑暗面,进而有可能成为罪犯、酒鬼或吸毒者,还有可能罹患神经症或精神病。

无论是谁都会遭遇困难,遭遇困难的时候,人会处于一个巨大的分岔路口。是保持共同体感觉克服困难,还是抛弃共同体感觉逃避困难,坠入人生的黑暗面?区分两者的要素在于是否具备勇气。是否拥有勇气是决定人生的关键。

那么,我们到底拥有多大的勇气呢?而且,我们能够鼓励到周围的人吗?

82

人只有在感受到"贡献感",觉得"自己有价值"的时候,才能拥有勇气。

阿德勒结合自己的亲身经历说："只有当我感受到自己有价值的时候，才能拥有勇气。"

"而且，只有当我感觉到自己的行为对周围的人有用时，才会觉得自己有价值。"

也就是说，人只有在认为自己为他人做出了贡献时，才会拥有勇气。

这样一想，大家就会明白，我们能够做些什么来给周围的人增添勇气。对周围的人说"谢谢你""你真是帮了我大忙"诸如此类的话，才是给予他们勇气的方式。

阿德勒最重视的两点便是"共同体感觉"和"勇气"，这两点都是从本人的"贡献"出发的。但是，失去勇气的人可能连做出贡献的精力都枯竭了。周围的人给予这样的人勇气，就好像是在用手使劲转动飞机螺旋桨的行为。周围的人用手转动螺旋桨给他们提供动力。对他们说"谢谢你""多亏了你呢"，这就是转动螺旋桨。在周围的人反复转动螺旋桨给予他们动力的过程中，他们也会逐渐开始凭借自己的力量转动起螺旋桨。这样一来，失去勇气的人就变得能够自己做出贡献，能够发自内心真正感受别人的谢意了。

83

不要被他人的看法所左右。要有足够的勇气，接受真实的自己，承认自己的不完美。

阿德勒说："勇气是共同体感觉的一个方面。"勇气是一种解决问题的活力，即便遭遇困难，有勇气的人依然能做到"为他人着想""优先考虑他人"。而没有勇气的人遇到困难时，会"比起他人，总是优先考虑自己"，从而丢掉了共同体感觉。

只考虑自己的人，也就是没有勇气的人，他们在意的是他人的看法。因为比起对他人的贡献，他们更在意别人是如何看待自己的。然而，拥有勇气的人不会在意他人的看法。因为即使没有得到任何人的夸奖或认可，他们也能通过为他人做贡献这件事本身感受到满足感。给对方鼓励，帮助对方不再在意他人的看法，也不试图伪装成比真实的自己更好的样子。给予对方鼓励，就是让他们意识到："人们如何看待你并不重要""做你自己即可"。同时也意味着让他们拥有足够的勇气，承认自己不完美。

要做到这一点，就不要在对方的行为上附加条件，如"如果你能做到这一点，就认可你""如果你不能做到这一点，就不认可你"。我们要接受认可对方最真实的样子，这就是一种鼓励。

84

不要夸奖。因为夸奖等于在告诉对方:"你是比我更低级的存在""你反正做不到"。

我有一个朋友，是一名写过十多本著作的作家，同时还担任培训师。有一天，他告诉我，当读者夸奖他"你的文章写得很棒"时，他感到十分别扭。这是因为夸奖的行为是以一种预知为前提的——"反正你大概是做不到的"。如果认为对方理所当然能做到的话，就不会表扬他。因此，被夸奖就像被告知"明明你看着不像是能做到的人，却做得很好"，而且，夸奖是从上方俯视的视线出发的，体现了一种上下等级关系。没有人喜欢被对方贬低，这就是为什么夸奖这种行为会对试图独立的人产生负面影响。

　　夸奖是来自上方的视线，鼓励是来自横向的视线。就刚才的例子而言，如果读者不是夸奖我的朋友，而是想鼓励他的话，就不该说"你的文章写得很棒"，而应该向我的朋友表达感激"读你的书令我心情舒畅，太感谢你了"。这样一来，我的朋友应该就会因此感受到贡献感，也就能补充面对困难的活力了。这个思维方式同样适用于养育子女或企业中的人才培养等方面。使用鼓励而不是夸奖。从横向平视而不是从上方俯视对方，这才是鼓励。

85

不要指出他人的失败或不成熟，也不要因为他人做不到就越俎代庖。因为这样会剥夺他人的勇气，也会剥夺他人独自克服困难的机会。

面对他人的失败或不成熟的地方,你可能会指出其错误说"错了!错了!",或者说"行了、行了,我来吧"然后越俎代庖,这是常见的挫伤别人勇气的方式。

即便他人所做的事情真的是不成熟的、错误的,但你一指出来,他就丧失了勇气。因为指出这一点,就会让对方感到无能和自卑。而指出问题的人会在不知不觉中向对方炫耀自己高人一等,从而感到优越感,最终导致对方失去了勇气,也就是失去了克服困难的活力。

他人无法办到,是因为现阶段的能力还不足。但是能力不足与这个人的价值之间没有任何关系。即使他人做不到,我们也应该避免使用让他们觉得自己的价值被否定的话语。况且,能力不足只是现阶段的状态,他人在未来很有可能就能做到。但是,挫伤他人的勇气相当于人家明明活力满满地努力追求这种可能性,你却给他泼冷水。

我们很容易在不知不觉中挫伤他人的勇气。但是,在做到鼓励他人之前,必须首先停止对他们勇气的打击。做到这一点,也是对他人的鼓励。

86

人的心理和物理学不一样。指出问题的原因只会剥夺勇气，我们应该更专注于解决问题的方法和可能性。

阿德勒说："在学校没有一个孩子的勇气不受到挫伤，但学校和老师可以帮助这些孩子恢复自信。"

挫伤勇气，就是找出他人的问题，指出其缺点，并以查明原因的名义把失败者吊起来严加指责。

做出这种挫伤勇气行为的父母、老师和公司的老板们，都是出于"为你好"的初衷。通过指出孩子或者下属没做好的地方，揭示问题的"原因"，然后思考解决办法。他们试图将自己一直以来所学到的遵循"物理学"定律的解决方法，原封不动地应用到人类心理学中。

但是，物理学和心理学显然是不同的。物理学是在工厂里制造东西时运用的正确方法，它不应该被应用到人类的身上。究其原因，在孩子和下属看来只是在指出他们的错误，他们会因此失去勇气。而当勇气受到挫伤时，他们就会试图放弃挑战困难，逃避课题。

如果你想要鼓励他人，那就必须采取心理学的方法。在那种情况下，应该花极少的时间甚至不把时间花在调查问题的原因上，而把大部分时间花在思考解决方法上。专注于解决问题的可能性，这样才能起到鼓励的作用。

87

95%的人类行为是正确的行为。然而，我们会因为它们是"理所当然"的而忽视了它们。不要把注意力放在仅为5%的负面行为上。

作为解说者，我谈一点自己的感受。那会我还是刚刚踏入社会第三年的新人，我一直在想，为什么我的上司不表扬我已经完成的事，只注意到我完成不了的事。当时，我从事的工作是制作提交给经营会议①的资料。我制作好资料交给上司，上司检查和修改之后，资料会被送到会议上。大多数情况下，我制作的资料的完成度是70%～80%，还有20%～30%做得不够好的地方，上司会对这部分进行修改。

但是，我没有一次因为提交的资料中70%～80%做得不错的部分而得到表扬。上司在检查资料时，总是只指出那20%～30%做得不好的地方，我对此感到很不高兴。如果他在指出问题之前，认可我完成的部分，我会增加多少干劲呢？这是我一直在思考的问题。

很多父母和上司，就像我以前的上司那样，只关注孩子或下属那20%～30%做得不好的部分，完全忽略了其70%～80%已经做好的部分。这样只会挫伤他们的勇气。相反，我

---

① 经营会议是根据公司目前经营状况，对"经营方针""经营战略""各业务进展""原预算和实际数值"等进行决定和审查的会议。主要由董事和执行董事召开。——译者注

第 9 章
拥有克服困难的勇气

们应该着眼于已经做到的部分,这才是给予鼓励的正确方式。不必勉强寻找值得表扬的地方,因为他们一定有很多地方已经做得很好了。

88

我们不是"阴郁",而是"和善";我们不是"迟钝",而是"仔细";我们不是"总是失败",而是"一直在挑战"。

第 9 章
拥有克服困难的勇气

"我是个阴郁的人……""总有人说我脑袋迟钝……"世界上有很多人会这样贬低自己,打击自己的勇气,也有很多父母和上司会这样挫伤孩子和下属的勇气。但只要改变一下看待事物的方式,缺点就会重生为优点。本人无须做出任何改变,只需转换一下观念足矣。

我们不是"阴郁",而是"和善"。

我们不是"迟钝",而是"仔细"。

我们不是"急躁",而是"麻利"。

我们不是"爱管闲事",而是"热情"。

我们不是"麻木不仁",而是"拥有自己的世界"。

我们不是"总是失败",而是"一直在挑战"。

仅仅像这样改变看待事物的方式,世界就会立刻发生变化。请从另一个角度观察一下那些否定自己和他人的言词,再将它转换成语言。只有这样,我们才能从灰心丧气中走出来,重新获得勇气。因此,鼓励并不是一件困难的事。

89

　　重要的是"共感"。"共感"是指,用他人的眼看,用他人的耳听,用他人的心去感受。

第 9 章
拥有克服困难的勇气

　　给予他人勇气的关键是要与他人产生共感。但是，我们常常误解了共感的含义，明明想要与他人产生共感，结果却说出"太可怜了，很辛苦吧……"这样表达同情的话。我们很容易把自己的感受强加给他人。

　　共感首先是关心他人所关心的事。但是给予同情和把自己的感受强加给他人的人，关心的是自己而不是他人，并将自己所关心的事应用到他人的情况中。这就是失败的开端。

　　共感可以更详细地定义为"关心他人的处境、想法、意图、感受、关注点等"。阿德勒使用了一个非常简单易懂的比喻来描述这一点。

　　"共感是指用他人的眼看，用他人的耳听，用他人的心去感受。"

　　但是，这并不是件容易的事。我们往往以为自己在共感，实则却采取了错误的行动。我们会把"自己的眼所看，自己的耳所听，自己的心所感受到的东西"套到他人身上，以为这就是和他人共感了。我有没有把自己的观点强加给他人呢？我们可以通过不断问自己这个问题，从而避免犯这种错误。

90

停止命令式的语气，用拜托式的语气或用"我"作主语来表达，仅凭这点，就能给予他人勇气。

第 9 章
拥有克服困难的勇气

"这个,拿去复印一下""这个作为邮件附件发送哦"等。

这些话乍听起来温和又有礼貌,但它们仍然是"命令式的语气",因为这些话让对方"没有选择的余地"。如果我们接收到的是这种"命令式的语气",会觉得"自己的立场或处境没有得到尊重"。感到不舒服的同时也感觉勇气被挫伤了。

但是,同样的事情,只要用"拜托式的语气"说出来,就可以变为鼓励了。"能帮我复印一下吗?"只要像这样发问,给予对方是或否的选择余地,对方就会感受到"被尊重",从而获得鼓励。

除拜托式的语气外,还可以使用"以我为主"(I – Message)的方式。I – Message 是指主语是"我"的表达,如"如果你能帮我复印一下,我将非常感激。"它与"你要帮我复印"这种"以你为主"(YOU – Message)的方式正好相反。YOU – Message 会给人一种冷冰冰、不容置疑的印象,而 I – Message 则给人一种温暖的印象,并且给对方选择的余地,对方会感受到"自己的立场和处境得到了尊重"。一个拜托别人做事的方式,既有可能造成别人的勇气挫伤,也有可能给予别人勇气。

91

"你把蛋糕吃掉了？太过分了！"不要像这样愤怒、瞪眼。请告诉对方："我原本很想吃的，真是太可惜了。"

第 9 章
拥有克服困难的勇气

你可能有过这样的经历：当你满怀期待准备要吃自己特地保存起来的蛋糕时，结果发现被家人擅自吃掉了，你会责备对方"太过分了！怎么可以不经过我的允许就擅自把我的蛋糕吃了呢？"虽然擅自吃掉你的食物的家人确实有做得不对的地方，但这并不意味着你就可以责备或瞪视他们。因为重复这种行为，有可能会挫伤对方的勇气。

在这种情况下，我们可以转向鼓励性的沟通方式，也就是我们之前学过的"用 I – Message 的方式传达"。"你太过分了！"这句话是 YOU – Message 形式的语言，换成 I – Message 的形式就可以了。

"啊，我本来很想吃的。我感觉好可惜啊。"通过以这种 I – Message 的形式，就有可能平静地将自己的心情传达给对方，且不会挫伤对方的勇气。

"愤怒"本来就是一个派生出来的"第二次情感"。原本个体应该先有"孤独""沮丧""悲伤"等"第一次情感"，之后由于对方无法理解才转变为"愤怒"。在这种情况下，我们要克制作为派生情绪的"第二次情感"——"愤怒"，不要传达"为什么擅自把我的食物吃掉了"这种 YOU – Message 形式的信息，应该表达"第一次情感"这种主情绪，传达"啊，我本来很想吃的""我感到太可惜了"这种 I – Message 形式的信息。这样才能鼓励他人。

92

即使认为他们还做不到，也要让他们尝试。即使失败了，也要对他们说："下次一定能成功。"

假设孩子看到父母往玻璃杯里倒果汁,也想自己动手时,大多数父母会说:"你还不行哦。你倒会洒出来的,还是我来帮你倒吧。你可以帮我做别的事。"这就是在挫伤勇气。这些话会向孩子灌输他们很无能的信息,而这会使他们不再敢尝试挑战类似于倒果汁这种新技能,也就是说丧失了勇气。

果汁洒出来又有什么关系呢?让孩子失去信心难道不是更难以挽救吗?洒出来也没关系,让孩子去做,擦掉洒出来的果汁就好了。但是,经历失败的孩子在直面失败后,会寻求新的鼓励。这时家长只需对他说:"再试一次看看,这次一定能成功的。"这才是鼓励。

家庭中的父母、企业组织中的管理者,都必须时刻考虑自己所说的话,到底是在建立还是打击他人的信心,也就是说,是给予对方勇气还是挫伤勇气。如果那些为了避免失败而说的话会导致孩子丧失勇气,那么就必须考虑让他们失败(让他们打翻果汁),否则就无法给予其鼓励。

93

娇惯会剥夺他人的勇气。不要帮助他们、溺爱他们,要让他们练习独立。

早在出生时，孩子就开始形成自己的生活方式（性格）。如果孩子每次哭泣的时候，父母都抱起他们，哄他们开心，孩子就会记住"哭是一种争取宠爱的方式"。他们也会认为"被娇惯是理所当然的"。因此，当周围人不娇惯他时，他就会感到孤独。

但是，孩子不可能永远被宠溺着。他们必须学会自己照顾好自己。一直被溺爱的孩子，遇到被迫独立的情况时，大概会受到强烈的挫折。这是因为他们还没有做好独立的准备。

如果父母信任孩子，并相信他们有能力独立，那么就必须注意从出生起就不要过度保护孩子。即使孩子哭闹发脾气，父母也不能就此屈服，应该放任他们哭泣。并且，要给他们玩具，让他们做好自己一个人玩耍的准备。只有这样才能鼓励孩子。如果只是因为孩子稍微哭了一下，就将他们抱起来哄，会阻止孩子养成独立的能力，并失去勇气。给予孩子勇气，就是给予孩子活力，让他们用自己的力量克服困难。正确的方式绝不是满足孩子的所有要求。

94

不要指出错误,也不要查明原因。给出一些建议"这么做怎么样?"。这才是培养他人的有效方法。

我不想指出对方的错误以免导致他们丧失勇气，但也不能对他们的错误视而不见。这该如何是好呢？……很多人应该都有过这样的苦恼。这种时候，有效的方法是提供鼓励和建议。

很多情况下，建议从指出问题开始。"这样做恐怕不行。"说完这句话再接着说建议，"这样做就好了。"但是，第一句话是指出问题的言辞，这会挫伤他人的勇气。如果是这样，最好不要指出问题。只要直接提出建议说"这样做怎么样？"就可以了。

有一种技巧叫作聚焦解决方案，就是将焦点集中在解决方案上。无须指出问题或分析原因，只需讨论有建设性的解决方案。例如，当客户投诉商品发送过程中出现错误时，通常情况下，我们会先指出问题并查明原因，说："这是由于发货指示出错导致的"或者"是因为山田犯错了"。但是这样做会挫伤别人的勇气。因此，我们只要跳过指出问题和查明原因的过程，直接提问："那么，我们该如何补救呢？"然后自己再提出建议"这样做怎么样？"这样一来，就能将责怪转化为鼓励。

95

　　乐观一点吧。不要后悔过去，不要焦虑未来，只需专注于"当下"。

每个有勇气的人都是乐观的，而非悲观的。悲观的人会对"过去"的失败耿耿于怀，不断为"未来"担忧。相反，拥有勇气并且乐观的人只专注于"当下"。他们不再拘泥于已逝去的过往，不再担心未来，只专注于当下能做的事。

当我谈到乐观的重要性时，经常受到批判和质疑。"正因为这样想才会失败的，我们难道不应该做好风险管理吗？"

在此，我必须首先明确一件事。那就是，乐观绝不仅仅是指轻率。那些在没有任何依据、没有任何准备的情况下轻率做出应对的人，我们称之为乐天而非乐观。乐观是指有依据、有准备的人。悲观地审视、悲观地准备，在此基础上积极地行动。这才是我们所说的乐观。

哲学家阿兰在他的世界名著《阿兰说幸福》中是这样定义的："悲观主义者会被心情所左右，乐观主义者靠意志来救赎。"换言之，他认为乐观主义不单单是一种天生的性格，更是一种基于有意识努力的意志。正是通过这种乐观主义的意志，我们才能激励自己。

96

　　即使行为有问题，其背后的动机或目的，也一定是"善意的"。

母亲要外出办事时，孩子说想一起去。但是，母亲让他和姐姐留在家里。孩子便开始发脾气，扔玩具，砸碎了碗柜的玻璃。于是，母亲训斥了孩子……

这时孩子的行为肯定是不该被称赞的。但是，我们难道就不能给孩子鼓励了吗？并不是这样。让我们思考一下孩子发脾气的动机和目的吧，这个孩子的动机是"想和妈妈在一起"，这个动机不是恶意的，而是善意的。虽然他的行动有问题，但动机是善意的。在这种情况下，我们可以着眼于善的方面鼓励孩子。与孩子共感，对他说"你是想和妈妈在一起，对吧"，然后鼓励孩子说"妈妈其实也想和你在一起"。先共感鼓励，然后和孩子一起商量，如何找到一种其他的解决方法，而不是采取错误的行为方式。

这不仅限于对方是孩子的情况。比如下属写了一份差劲的报告，但其动机是好的。在这种情况下，我们应该鼓励他善意的动机，而不是立刻指出报告的问题。即使他的行为有问题，动机也一定是善意的。

你怎么感受取决于你自己。

第 10 章
不要背负他人的课题

——阿德勒关于"课题分离"的言说

97

你所苦恼的问题，真的是"你的问题"吗？请冷静地思考一下，如果你对这个问题置之不管，苦恼的究竟会是谁？

阿德勒心理学很重视"这是谁的课题"这一问题。例如，孩子不好好学习，很多家长会责备孩子说"你要好好学习！"但是，"学习"这个课题究竟是谁的课题呢？

明确究竟是谁的课题很简单。只需要考虑一下"对这个问题置之不管，承受不良后果的将是谁？"成绩不好，承担不利后果的人是孩子自己。没有进入好学校，将来苦恼的也是孩子自己。也就是说，"孩子必须学习"这件事完全是孩子的课题，而不是父母的课题。

但是，很多父母会对孩子的课题横加干涉。父母会一边找借口说"我是为了孩子着想"，一边试图按照他们的想法控制孩子，告诉孩子要"更加努力学习"或"进入好学校"，以此来满足自己的支配欲，或是维护自己的面子。孩子察觉到了事情的本质，所以抗拒这种支配。

所有人际关系的纠纷，都是由于干涉他人的课题而引起的。这不仅限于亲子之间，朋友之间、上下级之间也同样如此。不要干涉他人的课题，我们唯一能做的就是给予支援。当孩子说想要学习时，父母唯一能做的就是告诉孩子我们已经做好支持你的准备，然后就是在一旁默默守护了。

98

当妻子心情不好时,丈夫不应觉得是自己的责任。妻子的心情好坏与否,是妻子的课题。擅自背负他人的课题,会使自己变得痛苦。

丈夫看到妻子闷闷不乐，会试图逗她开心。因为他会觉得不能使妻子幸福是自己无能的表现，会觉得自己的价值被否定了。"去开车兜风吗？还是一起去散个步？"无论是哪种提议，都会遭到妻子的拒绝："我不想出去"。面对这样的妻子，丈夫越来越恼火。最终就发起火来了，"我都这么关心你了，你怎么就不懂我的心呢！"于是，当天两个人都过得非常不开心。

这种情况是丈夫试图按照自己的想法控制妻子的情绪和感情，也可以说完全是对妻子的课题横加干涉。这样的话，两人的关系会受到伤害。

那么，看到妻子不开心，丈夫就努力抑制烦闷的情绪什么都不说。这样做，丈夫的问题就得到解决了吗？没有，丈夫的问题仍然存在。"他人有什么样的感受"是"他人的课题"。但是，如果将对方的感受归咎于自己的责任，实则意味着丈夫未能做到"课题分离"。不要觉得自己对他人的课题负有责任，任意背负他人的课题会使自己变得痛苦。我们有必要和对方划出一条明确的分界线，明确分离各自的课题。

99

　　如果这是"你的课题",那么即使父母反对也不必遵从。不要让他人干涉你的课题。

如果父母反对你的婚姻,你会怎么做?很多人会陷入两难的境地,一方面不想让父母伤心,另一方面又不想和伴侣分手。有些人会选择委屈自己听从父母的安排,放弃结婚,也有人选择拼命说服父母。

当然,实际做出怎样的决断,因人而异,并没有一个正确答案。但是,如果遵循"课题分离"的人际关系原则,可以做出如下反应:向父母声明,虽然很遗憾他们不赞成你的婚姻,但你还是会和自己选择的对象结婚。肯定有人会有所顾虑,觉得这样做会不会伤了父母的心。但是,父母对子女的婚姻感到悲伤这件事是"父母的课题",而不是你的课题。不要干涉"父母的课题",也不要让父母干涉"你的课题"。请微笑着,但干脆地,和父母说"不"。

当然,这种时候,我们不能责怪父母,或者攻击父母。另外,也不能试图强迫父母赞同你。赞成也好,反对也好,那都是父母的课题,不是你的课题。

100

即便有人在背后中伤你或是讨厌你,也不必在意。"他人如何看待你",那是他人的课题。

弗雷德里克·所罗门·佩尔斯（Frederick Salomon Perls）说："我为我而活，你为你而活。我活在这世上，不是为了满足你的期待。你活在这世上，也不是为了满足我的期待。我是我，你是你。如果机缘让我们相遇，那自然是件美妙的事。即使没有相遇，也是没有办法的事。因为，我是我，你是你。你是你，我是我。"

莱茵霍尔德·尼布尔（Reinhold Niebuhr）说："上帝啊，请赐予我勇气，去改变那些我可以改变的事。请赐予我忍耐力，去接受那些我不能改变的事。请赐予我智慧，去分辨什么可以改变，什么不可以改变。"

我们无法控制他人的情感和行为。既然做不到，还要勉强去做，只会使自己痛苦。不要干涉他人的课题，也不要让他人干涉自己的课题。

他人是否认可你，是他人的课题。即使他人在背后说你的坏话，也不意味着你就一定是错的。请继续做你认为是正确的事情即可，在意他人对你的看法会使自己痛苦。只要明确将自己和他人的课题分离开来就好了。

第 10 章
不要背负他人的课题

做到"课题分离",是迈向幸福生活的第一步。同时你的内心也会变得轻松,人际关系也能得到显著改善。这是你的人生发生革命,彻底发生改变的时刻。

后　记

遇到阿德勒之前，我在迷雾中摸索着前进，总是缺乏自信，陷入迷茫。

30岁的时候，我才当上了部门负责人，带了几个下属，但是我根本管理不好自己的团队，最后患上了抑郁症。于是，我一直在摸索"应该如何当好一个上司""生而为人，又应该如何生活"。

对于这样的我来说，阿德勒就是照亮黑暗的指明灯，就是隧道出口处所见到的希望之光。遇到阿德勒，我才明白了"人生并不复杂，人生极其简单"，这使我一下子豁然开朗。

如今，我已经不再会将事情怪罪到别人头上，也不再会有那种"只要自己好就行"的想法。我遵循着阿德勒的教诲，一点点地积累贡献，提升共同体感觉，赋予自己勇气。终于，我成功地走出了漫长的隧道。

这本书昭示了一些思考方式和行动方式，对所有人的日常生活都会有所帮助。我非常希望这本书能够成为照亮大家生活的指明灯，照亮大家生活的方方面面，包括"工作的课题""交友的课题"和"爱的课题"等。

后 记

最后，请允许我在此进行致谢。

我并非学院里专业的心理学者，只是作为市井之中的心理咨询师，积累了一些社会人的生活经验，才疏学浅却能执笔本书，这多亏了 HG（Human Guild）有限公司[①]的董事长岩井俊宪先生亲自承担本书的审订工作，在此深表感谢。

此外，在本书撰写过程中，参考了诸多前辈的文献，如撰写、翻译了大量阿德勒心理学著作的岸见一郎先生、将阿德勒心理学推广到日本的先驱者野田俊作先生等，我想在此郑重地对上述前辈学者的功绩和辛劳致以深深的敬意和诚挚的谢意。谢谢你们！

小仓广

[①] 日本一家以阿德勒心理学为中心，开展心理咨询、心理学讲座、心理学研修的组织。——译者注